U0919365

别让优秀的自己毁在沟通上

高美◎编著

一开口就能说服所有人

中国商业出版社

图书在版编目（CIP）数据

别让优秀的自己毁在沟通上／高美编著．—北京：中国商业出版社，2016．9

ISBN 978-7-5044-9594-5

Ⅰ．①别…　Ⅱ．①高…　Ⅲ．①人际关系—通俗读物　Ⅳ．①C912．11-49

中国版本图书馆 CIP 数据核字（2016）第 231193 号

责任编辑：武文胜

中国商业出版社出版发行
010-63180647　www．c-cbook．com
（100053　北京广安门内报国寺 1 号）
新华书店总店北京发行所经销
北京毅峰迅捷印刷有限公司

★　★　★　★　★

710×1000 毫米　1/16　15 印张　180 千字
2017 年 1 月第 1 版　2017 年 1 月第 1 次印刷
定价：38．00 元

★　★　★　★

（如有印刷质量问题可更换）

前言

Preface

我们每一天都要与不同的人打交道，都要经历不同的事，都离不开沟通。

沟通有两个作用：一是表达自己的意见，提供信息让他人知晓；二是与他人取得深入了解，达成共识，从而解决问题。

沟通是人生永恒的主题。任何一个人，任何一件事，最终的目的，无不是与他人正常相处并解决相互之间的需求。沟通便是满足这种需求必不可少的环节，是我们人生得到顺畅发展的前提。

沟通已经成为生活中每个人的重要生存手段。懂得沟通的人，一生都会如鱼得水、左右逢源，而一个不懂得沟通的人，不但处处受限，还将让优秀的自己毁于一旦。因此，我们必须要充分重视沟通，做到与他人有效沟通。

有人认为，沟通就是说话的分寸，就是语言上的功夫。确实不错，一个会说话的人，懂得把握说话分寸的人，其人缘势必比不会说话，或者说话不中听者要好很多。但这不是沟通的全部。沟通不是单纯的说话能力，还包括肢体语言、神情交流、文字交流、心灵交流等。

沟通是不可回避的。我们不可避免地要与不同个性的人相处。要让对方接受自己，认同自己，就要我们去沟通，去说服对方。否则，即使你是一块玉，对方不认同你的价值，你也与普通石头无异。

在这种情况下，只有视不同情况，进行不同沟通，才能让我们达到顺利沟通，让对方认同你。

《别让优秀的自己毁在沟通上》通过生动案例进行沟通问题解读，告诉我们如何避害趋利搞好沟通，赢得对方的认同或者尊重。全书共分八章，分别论述语言的重要性、说话的技巧性、个人表情的使用、肢体语言的运用等，帮助每一个读者轻松学会沟通方法，让自己在沟通中成为对方认同和喜欢的人。

本书结构用语简洁、案例直面职业人生，而有效的沟通技巧解读与方法将带领读者深入沟通之道，为读者成功的人生开辟一条沟通捷径。

诚然，本书难免有不完美之处，那就让我们沟通吧！

目录

Contents

197

第七章

说话有底线，该给的面子你得给

第一章 怀才不遇不是才华不够，而是你不善于沟通

21世纪，良好的沟通能力是优秀人才重要的素质之一，美国著名的杜邦公司CEO夏皮罗说："没有一项对企业的作用力比得上适当的沟通。"因此，做优秀的人才，我们必须善于讲话、善于沟通、善于用自己的语言去影响、改变他人的想法与观点，以便充分有效地发挥自身才华。

所谓怀才不遇，就是你的才华输在沟通上了

一个人必须知道该说什么，一个人必须知道什么时候说，一个人必须知道对谁说，一个人必须知道怎么说。

——彼得·德鲁克

常有这样一些人，自觉智商很高，能力很强，甚至在专业领域也有一定的权威，可偏就始终郁郁不得施展。于是，最后不但只剩下抱怨、气愤、感情用事，还会动辄便有怀才不遇的感慨，将所有问题都归结于外在及他人原因。

事实上，造成这样的结果，不是你的智商不足，也不是他人有问题，而是你沟通不善。

在伦敦，有一个刚刚大学毕业的小伙子名叫吉姆。他学的是人力资源管理专业，成绩良好。他认为自己经过多年学习，已经具备极强的专业知识，所以独自离家，到陌生城市工作。

因人生地不熟，吉姆四处碰壁，反复投送简历都没成功。很快，他花光了身上带的钱，可又不知如何向父母交代，只好进入当地一家小公司暂时栖身。

对于这家小公司来说，人力资源还处于尝试阶段，吉姆算是公司第一个人力资源管理者。老板对他说："我相信以你的能力，未来发展空间会很大。"

可是，问题很快就出现了。公司是典型家族企业，很多重要岗位都由老板家人负责。吉姆的顶头上司就是老板儿子。事实上，这个人完全不懂什么叫人力资源管理。吉姆提出了很多自认为可行的计划，都被老板儿子回绝。吉姆非常生气，直接找到老板办公室。

“我一定要和你谈谈，不管你有没有时间。”吉姆非常不满地说。

“好吧，你坐下吧！我早应该和你谈谈了，但因为实在太忙，才没腾出时间。”老板首先表示歉意。

“老板，你知道，我是人力资源管理专业毕业的，我上司应该更倚重于我，可他却完全不听从我的任何建议。这样下去，我没法工作了。”吉姆并不客气，直接讲出自己的不满。

“你都提了什么建议呢?”老板皱了下眉，感觉吉姆说话太直接了。

“员工薪酬结构与水平的制定太随意，上司对雇员明显缺乏信任，员工权力过小，无权及时处理事务。你要知道，这是家族企业的通病。而我恰恰遇到了这样的事。这简直太不幸了。这让我所有专业知识都无从施展……”吉姆几乎忘了自己是来提意见的，将自己的不满讲成重点。

“我知道，公司很多问题，但你有什么改进方案吗?”老板打断吉姆诉苦，直接问道。

“现在还没有……”吉姆这才意识到，自己并没有确实可行的准备来答复老板，“可这不代表我说的话无效。你知道吗，我学的专业是资源管理，我所看到的问题肯定是存在的……”

“好了，你先回去吧！我会考虑你的意见。”老板摆了摆手，没有再理吉姆。

他只好默默地退出房间。

过了很多天，吉姆提过的意见始终没有反馈。老板对他避而不见。吉姆非常生气，说："我早就不该到这样的公司来。"

随后，他写了一封辞职信。老板拿到他的辞职信后，只说了一句话："吉姆，你身上还保留着孩子的冲动。这让我无法挽留你。"

沟通是除了把握自己言行之外同时对他人感受的兼顾，不但能让我们与他人之间产生关系，更能建立发展关系的桥梁。在社会中，不管在任何性质、任何类型场所，沟通都是唯一化解障碍的原则。吉姆的上进、能干是有目共睹的，但他与人沟通、交流的方式实在有待完善。沟通是一门艺术。我们想要说一件事之前，除了要引起对方的兴趣，还要及时做出反馈，让对方透露更多信息给自己，唯有这样才能实现有效沟通。像吉姆这样单方面诉苦式交流，只会给沟通中的双方留下冲突与不满，从而失去融洽、和谐、尊重的交流机会。

对于时刻处于竞争中的我们来说，沟通也是如此。只有将敌对化为友好的沟通，才是形成、发展人际关系的根本途径。假如我们空有才情，却总是目高于顶；假如我们内心不坏，却总爱口不择言，那么，我们的世界也就只剩与猜忌、摩擦、冲突为伍了。如此人生，是谈不上成功的。

当人际关系出现问题，当职业诉求得不到发展时，不要总是抱怨自己怀才不遇，而是要好好想一想，自己在沟通上是不是也拥有与所学专业一样精深的才华。这个世界如此繁忙，谁有时间、有精力去不断询问别人内心的感受呢？我们不成功、不得重用，最主要原因就在不善于沟通上，就在不知道如何将自己置于有利地位。只有有效的沟通，才会帮助我们建立良好人际关系，才能让我们的才华在应有位置上熠熠生辉。

你很优秀，没人认同一切归零

经验告诉我们：成功和能力的关系少，和热心的关系大。

——贝克登

有人说：人生最大的敌人不是别人，而是自己。因为当我们过高或者过于固执地认知自己，就很可能失去周围人的支持，而得不到认同的人比失败者还要悲催。

在现实社会中，很多本身优秀的人，最终遭到失败，不是因为他们能力不行或者不够努力，而是因为得不到家人、朋友、同事、领导、顾客等等与己相关者的认同，使得原本该成为助力的人变成为阻力。而导致这一变化的重要原因就是沟通。

在美国，有一个出身贫寒的商人，二十几岁时还身无分文，但到四十多岁时就已经身家千万。这让他沾沾自喜，认为自己是个智慧无比、经商头脑一流的商人。但事实上是，这位商人活得并不开心，因为家里人都说他从不与家人一起参加活动，平时也无话可说，非常冷漠。而他也没有知心朋友。很多人都说他自大、骄傲。商人备感孤独和寂寞。

商人非常伤心，说："凭着我的聪明智慧，不管走到哪里都会生活得很好，我为什么要因为你们的看法如此无聊地生活下去呢？"于是，他扔下家人与生意，独自来到墨西哥的一处海边。

商人以一副高高在上的姿态行走在海岸边。看着渔民辛苦地工作，他嘴角扬起一丝轻蔑的笑意，心想："与这些人相比，我的身份多么高贵，他们应该非常仰慕我吧？"但事实是，那些渔民并没有谁多看他一眼，完全将他当成空气。

这让商人非常不舒服。于是，他先放下自己的骄傲，前去与一个渔民搭讪，说："伙计，你今天就抓这么少的鱼吗？想不想多抓点？我是美国来的商人，我可以帮助你抓更多的鱼。"

那位渔民不解地看了他一眼："这些鱼已经足够我们全家生活啦！"

"可是，现在才上午，你今天剩下的时间都准备看海吗？太浪费了！难怪你们要过这样的生活？"商人大声对渔民说。

墨西哥人并没生气，回答说："我剩下的时间可以与孩子一起玩会儿，陪老婆说会儿话，与朋友喝杯酒，和邻居聊聊天，如此美满充实的日子，你怎么可以说是浪费呢？"

"你一点都不懂得经营。如果你能每天多抓点鱼，就可以换一条大船，然后出海，抓更多的鱼。慢慢地，你就能组建一条船队，甚至自己开一家鱼肉罐头工厂，进行生产、加工、行销一条龙，再也不需要把鱼卖给鱼贩子。甚至，你将来还可以把自己的工厂进行扩建，然后用20年时间打造成上市公司……"商人滔滔不绝地说。

"可是，我要工厂，打造上市公司做什么呢？"墨西哥人听完不屑地笑了。

"难怪你们只能每天打鱼为生，一点商业头脑也没有。等有了公司，你还用这样打鱼吗？你就可以过自己随便想过的日子，再也不用出海打鱼了。"商人被墨西哥人的态度惹恼，开始拿出教训者的态度讲话。

“可我现在过的就是自己想过的生活，不是吗？”墨西哥人见商人气急败坏，不由冷笑了一下，丢下他走开了。

也许美国商人的想法确实不错，但他却没有意识到，在自己的智慧中，夹杂着太多傲慢，让听他说话的人从内心感觉到不舒服——不仅是陌生人对他这种态度心生不满，而且他的家人、朋友也会失去与之沟通的兴趣。

对我们每个人来说，想要与他人保持良好沟通，心态占非常重要的地位。良好的心态，可以让人们更加喜欢和接受我们的为人，而有效的心理调节与控制，则会让我们达到顺利与人沟通和交流的目的。不论是在职场，还是与家人、朋友相处，如果我们没办法让人们欣赏到自己的才华，不能让人接受自己的为人，那么一切的优秀都是没意义的。毕竟，或许你很优秀，但没有他人认同，你的优秀一文不值。而让你的优秀让人认同的重要方法，那就是沟通，通过沟通让自己的优秀展现出来。

良好沟通让你的才华引人关注

讲话犹如演奏竖琴：既需要拨弄琴弦奏出音乐，也需要用手按住琴弦不让其出声。

——霍姆斯

一直以来，我们总认为，沟通与人际关系彼此影响。事实上，不仅如此，良好沟通还是我们的才华彰显于外的敲门砖。一个懂得沟通又善于与不同人沟通的人，他的才华往往是最引人关注的。因为良好沟通过程中会不知不觉地将你的个人能力和魅力展现给对方了。每个人都相信自己的眼光。对在不自觉中看到的你身上所隐藏的才华与优点，他们都会深信不疑，甚至会夸张性地向别人介绍你。

因为良好沟通是一个双向过程，它依赖于我们抓住对方注意力与正确传达我们所掌握的信息。当这样进行沟通时，我们给对方所留下的印象就是一剂正确理解信息的催化剂。这种催化剂如同起发酵作用的酵母粉一样，可以将正确的印象在对方脑海中发酵。

法拉第于1831年发现电磁感应现象，因此发明了历史上第一台发电机——法拉第圆盘发电机。

不过，法拉第圆盘发电机并不好看，外形简单，而且看上去过于简陋。人们都在质疑其可用性。为此，法拉第认为，有必要找机会向人们介绍一下自己的发明，从而更有利于它后期的研究与发展。

在参加皇家学会会议时，法拉第适时地提到了自己的发电机。但是，这很快就引起了别人的刁难。其中，有一位贵族夫人一脸不屑地问法拉第："阁下，我看你的发电机实在不怎么样，就如同一个玩具，不知它到底有什么作用呢?"

法拉第听完，笑着说："夫人，你说得很对。对于刚刚出生的婴儿，它确实没有什么作用。"

法拉第的话刚说出口，其他人便会心地笑了起来。全场也变得不再那么充满敌意气氛。大家开始向法拉第询问发电机的使用与发展状况。

法拉第的回答就体现了他高超的沟通技巧。他没有严厉地回答那些质疑与讽刺，也没有让质疑者的自尊受打击。当然，如果他直接认同质疑者自己的发明并无意义，则不利于自己以及发电机后续的研究。

因此，他采用了一个富有人情味儿的比喻，对那个看似无解的问题给出了圆满的回答。结果，人们不仅从这个回答中看到了发电机发展的未来走向，也对法拉第的才华给予了肯定。

这显然是最良好沟通效果，值得每一个人去学习。

由此可见，良好沟通不仅让我们人际关系出色，还能让他人对我们说的话更喜欢聆听、对我们清晰的思考能力给予肯定，让我们更能把握当前以及日后的事。

当然，在日常生活中，将良好沟通进行到底并不容易，有时因为沟通不畅，还有可能丧失别人对自己的认可，这有些得不偿失。

如何运用良好沟通，有效彰显我们的才华呢？

首先，了解对方至关重要。这对于一个在职者来说是尤为重要的，了解上司、顾客的需要，将实际需要的资料及问题进行整理。如此，在与对方进行沟通时，我们就可以提出问题的方式，来启发、引导对方提问，再进行自我解决，这才能让对方从我们的回答中获得满意的沟通细节。

其次，对不容易沟通的问题，不妨回避一下。毕竟，生活中我们可能遇到千奇百怪的问题，如果我们当时不便回答，则可以采用模糊、复述对方原话等方法，来转移话题。这样既能让对方在心理上接受自然，又不过于为难自己，不失为良好沟通策略，同时还能让对方感受到我们细腻、婉转的为人风格。

最后，以问题来回应问题。这在职场中最常遇到，比如当我们的顾客提及我们的产品性价不高的话题时，善于良好沟通的人是不会直接来反驳或者回避的。最好的办法，应该是反问对方为什么会有这样的看法。这种将问题踢回给顾客的做法很容易让顾客感受到你的聪明，因为很多时候，顾客这样的问题多是虚张声势而已。

掩盖你才华的，不是机会而是沟通

成功者与不成功者最主要的差别是什么呢？一言以蔽之，那就是成功者敢于提出问题并善于提出好的问题，从而得到好的答案。

——安东尼·罗宾

人在职场，就注定是一场面面俱到的社交活动。如果我们像平时对待家人、朋友一样，持一切顺其自然的态度，凡事不表达，不沟通，只任对方去猜、去想，那么，我们将会引起他人的反感，甚至是被踢出局。有人甚至说，现代社会，缺少的不是才华，而是八面玲珑的交流。虽然此话有些过激，但也足以看出沟通的重要性。

乌迪是美国加州一家公司的管理者。因为与公司领导意见不合，他愤然辞职。这让他一度挫败感非常明显，甚至与妻子也经常发生争吵。后来，他应聘上了一份新工作，被派去另外一个城市的分公司担任 PM（生产经理）。

等待乌迪的是一个百废待兴的分公司。车间的生产及产品开发等都非常混乱。乌迪每天都加班加点工作，想要尽快打开新局面。但是，新工作并没乌迪想的那样顺利，因为内部人员对他很排斥，公司内部有很多小圈子、派别。为了完成总部的任务，他很多时候不得不亲自上阵监督。

乌迪认为，管理这些人要用狠手段，仅仅说教并不管用。因此，他对下属态度越来越强硬，让下属们越来越反感。

与此同时，他工作没有准确的时间，也没有办法关心远在加州的家庭，让自己精神方面感到疲惫不堪。

两年工作下来，分公司的生产情况并不乐观，甚至有些员工公然说他没有能力。而妻子也发来信件，认为这样两地分居的生活已经伤害到了她和孩子，要求离婚。

就在乌迪焦头烂额时，总部发起业绩整核。因为乌迪在生产部PM职位上并没有什么作为，员工意见又大，所以，上级认为他必须下调一级。至此，乌迪完全崩溃。很快，他打了辞职报告。

他回到加州时，迎来的却是妻子发来的离婚协议。

这对乌迪来说雪上加霜。他每天在酒吧买醉。朋友提醒他去看一下心理医生。但医生给出的建议是：你没有任何心理问题，只是你不善沟通，让你与周围的人与事关系僵硬，从而摩擦不断。

乌迪非常不解："我有权力要求员工去做什么，不是吗？"

医生点头，说："是的，但你的强硬将你身边所有人都推开了，包括你的妻子，他们得不到与你交流、沟通的效果，所以只能选择离开。"

确实，一个人再聪明，再有才华，也不可能凭借自己的能力去完成所有事。特别是一个管理者，他所需要的是公司上下同心，大家共同面对问题，解决问题，如果只一味地强硬支派而不注重沟通，久而久之也就将自己关于一隅了。

著名的组织管理学家巴纳德就认为，沟通是一个把组织的成员联系在一起，以实现共同目标的手段。这也明白无误地告诉我们：想要证明自己的才华，不妨先在沟通上用点心思。当我们能够完美与人沟通时，其他那些工作能力、研究成果等等方面的才华，才有可附着开发的基石，也才拥有开出梦想之花的可能。

错误的沟通将会毁掉你的前程

在要说一些事之前，有三件事要考虑：方法、地点、时间。

——(波斯) 萨迪

世界著名推销专家乔吉拉德是在38岁以后才开始做汽车推销工作的。他虽然入职晚，却很快成为世界上最有名的汽车销售员——他平均每天卖掉6辆汽车。而他自己认为，之所以有这样的成绩，除了机遇之外，就是他善于与别人沟通。

确实没错，一个人的一生中，总会有那么几次成就自己的机会降临。但是，如果我们只等机会而不去学习与他人沟通，就无法顺应时代，无法打造良好的人际关系。那么，这个机会就很可能只是一次玩笑，它会看着我们懊恼不已，将我们推离梦想之路，进而失去一心希冀的前程与成功。

苏菲是台湾某家著名企业的总裁秘书，人不但长得漂亮，而且特别能干。同时，她一心想摆脱“花瓶”形象，在工作上大有作为。所以，她积极面对工作，随时为老板提供参考意见。她深信，只要自己能得到老板赏识，就一定可以成就一番事业。

其实，老板能力很强，只不过脾气很坏，容易生气。有一次，他发现供货商给自己的材料价格偏高，且质量不好。为此，他非常恼怒，马上给供货商打电话，大声斥责，甚至说出了再也不合作的狠话。放下电话，老板还生气，于是让苏菲写一封辱骂供货商的信发过去。

这件事过去一个月后，老板手下的人也对市场进行了调查，才发现原来的那家供货商是最守诚信的，价格也是最公道的。老板很不好意思，对苏菲说："你现在就去写一封致歉信，替我向供货商表达歉意。"

这时，苏菲笑了起来，并漫不经心地说："老板，这完全没必要。我就知道您会后悔的，那封信，我根本就没有寄出去。"

苏菲想要显示自己的能力，可她没想到的是，老板不但没有夸奖她能干，却反问："我交代你的其他事是不是也都这样呢？"

苏菲一下愣在那里。事情并没有就此结束。第二天一早，苏菲便接到人事部的辞退通知。

这个故事看似只是下级与领导的相处艺术，但实际上反映的还是沟通能力。作为秘书，苏菲考虑的或许是公司利益、自我能力彰显，但她偏偏忽略了领导的面子，那她的前程只能成为泡影。

相反，如果苏菲能将那封辱骂信写好之后放在老板可以看到的地方，并用另外的语气告诉老板："哎呀，真不好意思，我那天忘记发出去了。"这样，老板有面子，她的"小错误"也易于让老板理解。她又何愁前途没有发展呢？

其实，这就告诉我们，沟通不只是语言的运用，还需要正确的定位。我们无论与谁进行沟通，都应该根据对方的习惯工作方式进行有效沟通，给对方以适当的关注及体谅，甚至以他（领导）为主导，这才能称之为正确的沟通方式，所得到的效果也自然事半功倍。

沟通不只是一种意愿，还要把握正确与否。正确的沟通非常重要，它不仅对语言、神情等有所要求，更对我们的内心有所要求。毕竟，身为职员的我们，是看老板的脸色吃饭的，如果我们用心不到，前程就很可能功亏一篑。

美国通用汽车 CEO 李·艾柯卡，曾经只是福特公司的一个技术人员。他虽然对自己的工作有所不满，却因为不善于与人沟通而不得不甘于埋头苦干。后来，他有机会参加了人际关系与沟通的培训，并成功跳槽，最终成为通用汽车公司首席执行官。多年后，他回福特公司看望老同事，虽然那些人的技术比他精进，但始终只是一名技术员。他说："我与他们的不同，就在于提高了自己的沟通能力。"

美国某咨询研究机构通过市场调查得出结论：70% 不能成功的人，错误就在于沟通不力。沟通是一门大学问，它不仅要求我们会说话，会交流，还要求我们必须掌握正确的沟通方式。唯有如此，我们才不会因为沟通原因而毁掉自己的前程。

你说话目的性越强，获得的机会反而越渺茫

谈话的艺术是听和被听的艺术。

——(英国) 赫兹里特

有话直说并不是一件坏事，但这不代表每句话都要直奔目的。就一般心理层面的接受程度而言，说话的目的性越强，反而越让人反感，尤其是推销产品时，语言目的性太强只会遭到对方更直截了当的拒绝。

因此，想要让他人接受自己的意见，我们不妨暂时先将目的抛开，与之进行交流，在适当的时候将自己的真实目的显现出来，往往能够

收到意想不到的效果。

20世纪30年代，一位叫作比伯的年轻人在美国费城一家电气公司工作。公司派遣他到当地的一个乡村推销用电。比伯来到一户农家，礼貌地敲了敲门。给他开门的是一位上了年纪的老太太。这位老太太看见比伯的工作服便知道他是来推销电的，于是二话没说，立刻将门关了起来。

比伯见老太太对自己态度强硬，并没有放弃。他再次敲门，并且透过门缝对老太太说："真的很抱歉打扰到您了，我也知道您对用电的事情并不感兴趣，我不是来向您推销电的，而是向您买鸡蛋的。"老太太隔着门听见比伯这么说，立刻打开门，上下打量着比伯。比伯继续说："刚刚您开门的时候，我看到您养的鸡很漂亮，所以我想买些鸡蛋带回城里去。"

老太太反问："难道你们城里没有卖鸡蛋的吗？"

比伯回答："我们城里当然有卖鸡蛋的，只不过我们城里的鸡蛋都是白色的，所以做出来的蛋糕一点都不好看，而您的鸡蛋是棕色的，做出来的蛋糕一定特别好看。"

比伯的一番话立刻让老太太开心起来。她给比伯开了门，说话的语气也有所转变，并且高兴地与比伯聊起关于鸡蛋的话题。

比伯环顾四周后发现，老太太家还有一个牛棚。于是，他对老太太说："夫人，这牛棚里的牛我想一定是您丈夫养的吧？我敢打赌他养牛肯定没有您卖鸡蛋赚钱多！"

比伯这句话让老太太乐开了花。随后，老太太热心地带着比伯参观了鸡舍。比伯一边参观鸡舍，一边赞扬老太太的鸡养得好，并顺便提及如果用电照明的话，鸡会长得更好，鸡蛋会下得更多。此时，老太太对比伯的态度相比之前已经有180度的转变。比伯趁机向老太太介绍了用电的好处。

老太太完全没有拒绝听比伯讲电的好处，而且在两个星期之后，就主动提交了用电申请。

作为推销员，将自己的产品推销出去，这是最终目的。但如果我们开门见山地将这一目的告诉对方，会很容易引起对方的逆反心态，甚至引起对方反感，从而忽略自己对产品的需求性。相反，在与顾客进行沟通时，相对婉转地改变谈话技巧，收到的效果往往就不一样。这是因为每个人都有排斥心理，当我们不断强调一个问题的时候，人的排斥心理就会产生。在对方连我们的人都不接受时，又怎么会心甘情愿去买我们的东西呢？因此，我们当务之急是需要对方认同我们本身这个人，然后再寻机推销产品。

这种沟通方式并不单指推销一件事，日常中很多问题也是如此。我们直接表明，再三强调自己的能力、心态、行为的时候，都会因为太直接的表达而给对方一种自吹自擂的感觉。在这一基础上，对方势必会产生防范心理。于是，沟壑也就产生了。如果我们委婉一些，先找一些对方感兴趣或者双方均有感触的话题聊一聊，对方的戒备心理自然会消失。这时就创造了双方继续聊下去的氛围，再找机会表露目的，自然就水到渠成。

事实上，这种沟通方式很容易理解。生活中，没有目的性的话让人听了轻松，目的性明显的话让人听了戒备心理提高。我们要想顺畅沟通，要想让对方尽快接受自己，就需要让对方放松，减少戒备心理，从而建立良好的沟通环境。这样，对方才会有心情与我们沟通，才会让我们有机会将目的表达出来。

很多时候，或许我们本身很优秀，但别人不一定知道，不一定承认。我们要将优秀的自己推销出去，需要智慧去引导对方接受，而不能直截了当地将我们的目的展现给对方，从而使对方对我们产生怀疑与反感。毕竟，有话直说并不适用于所有事，学会间接、婉转、含蓄地表达自己的想法，会更容易让人接受和认同我们。只有让对方产生与我们交流的愿望，对方才会给我们展现目的的机会。

你的逆耳忠言，也许就阻碍了你前进的路

说话周到比雄辩好，措辞适当比恭维好。

——培根

我们都听说过一句话：忠言逆耳利于行。但问题在于，只有听得进你忠言的人，才会利于他的行事，如果对方听不进，阻碍的可能就是你们之间的友情，或者是你前进的路。

有时候，我们因为一句话而生气，因为一句话丢了项目，因为一句话产生误解，因为一句话结下仇怨……这一切的问题出在哪里呢？就是我们所说的话！因为我们说话太直接，让对方感觉到面子或者尊严受损，从而产生情绪波动，最终导致事与愿违的事发生。一句话能成事，一句话能败事，说的就是这个意思。

在密西西比州一家餐厅，老板正在招聘服务员。为了考核服务员的素质，他特别假扮成顾客，对两个即将入选的女孩进行了测试考核。

第一天，老板请第一个女孩来面试。老板冒充成顾客，坐在餐厅中间，当着一群顾客的面大叫："小姐，你马上过来！"第一个女孩应

声走了过去。老板生气地说："你自己看看，你们用的一定是劣质牛奶吧！放进茶中去都结成块儿，让人怎么喝？"

第一个女孩看了看红茶，发现杯中放了牛奶，还放了柠檬。她严肃地说："你为什么把柠檬与牛奶一起放在红茶里？牛奶与红茶放到一起就会变成这样。你只能放其中一样。"说完，她头也不回地走了。

第二天，老板通知第二个女孩前来面试。他同样坐在餐厅中间，像第一天一样大声地质问："你们肯定用的是劣质牛奶，好好的红茶都被你们糟蹋了。"不过，第二个女孩并没急于辩解，而是面带微笑，说："真不好意思，我现在就给您换一杯。"

新的红茶端来之后，茶杯边依旧放着牛奶和柠檬。第二个女孩笑着对老板说："先生，我能向您提个建议吗？"

老板不解，问："什么建议？"

"如果您喜欢在红茶中放柠檬，最好就不要加牛奶，因为有时候柠檬酸会使牛奶结块。"

事后，餐厅老板没有录取第一个女孩，而是留下了第二个女孩，并很快将她提升为店长。

表达同一个道理的话，说话的态度婉转一些，对方易于接受，说话直截了当，对方火上加油。可见，哪怕是忠言，如果不能让对方听进去，便丝毫没有作用。而且，因为说了忠言，因为说话直截了当，惹怒了对方，我们得不到对方认同，还会为此付出代价。

与人沟通的语言，从来不只是文字的应用。苏联作家马卡连柯说过："只有学会在脸色、姿态和声音的运用上，能做出二十种风格韵调的时候，我就变成一个真正有技巧的人了。"沟通的语言恰恰如此，直截了当的表达最多是你说话流利，但在沟通者看来，却完全是词不达意。所以，他们会拒绝接受。正是因为这样，各种沟通培训才会强调训练人们的说话技巧，而事实上那些真正善于沟通的人，往往话未出口先胜三分。

我们应该明白，即使不为沟通，语言也是我们的生存工具之一，话说得好，易于让别人接受，就可以使我们更快地达到目标。如果我们只图流利快速讲话，将语言视为本能，这种谈话的结果便缺乏实用性。因为，在这个世界上，不论是哪个行业，好的语言表达才能形成有效的沟通，也才可以有效地实现自己的目标。

大文豪雨果说过："语言就是力量。"如果我们能将语言加入精妙、高超的艺术魅力，不那么直截了当，不那么一吐为快，所收到的效果可能就是吐纳珠玉，谈笑风生了。试想，这样的语言交流，有谁不愿听？我们又何愁被人拒绝？

所以，不论什么时候，对待什么人，都一定谨记，哪怕是至理忠言，也一定要在表达上下功夫。因为眼睛可以容纳一个美丽的世界，而嘴巴则能描述一个精彩的世界。只有在精彩的世界中，我们前进的路才能更宽敞！

没有幽默的气质，你就别怪别人不喜欢你

如果你对自己的话不感兴趣，又怎能期望他人感动。

——戴尔·卡耐基

在西方社会，人们将幽默看成一种能力，认为只有杰出而智慧的

人才能巧妙地利用它。其实，现实生活中幽默无处不在，特别是在沟通过程中，若能很好地加入幽默元素，则可以取得让人意想不到的效果。

很多人抱怨，我说得嘴皮子都要干了，可对方还是无动于衷。此时，如果我们能利用一点幽默元素，先成功赢得他人的好感，就不会让自己如此疲惫了。

1727年，英国与法国之间爆发了一场战争。不幸的是，法国赫赫有名的哲学家沃泰尔（Voltaire）当时正在英国旅行。愤怒的英国人将他抓住了。当时英国民众对法国人恨之入骨，完全不问沃泰尔是什么人，便将其吊在高高的绞刑架上。很多民众围在绞刑架边，大声地喊着："吊死他！吊死他！吊死这个法国人！"

就在这时，沃泰尔的朋友闻讯赶来。他是英国人，深知学者与政治家的区别。他向那些高喊的民众解释说："他虽然是法国人，但他只是个学者，并不参加任何政治活动，不能吊死他。"

愤怒的民众并不买账。他们继续大声喊着："他是个法国人，是法国人就应该被吊死！"沃泰尔朋友再三解释，但完全不起作用，以致最后和那些人吵起来。

就在双方吵得不可开交时，被高高吊在绞刑架上的沃泰尔开口了。他说："各位，请等一等，等一等。你们能不能让我这个将死的人说几句真心话？"

争执终于停下来。一个要吊死沃泰尔的民众说："你说吧，但不管说什么，你都是要被吊死的！"

沃泰尔并不介意。他被从绞刑架上放下来后，先对着民众鞠了一躬，然后说："你们要用绞刑惩罚我，原因就是我是个法国人。可是，各位英国朋友请想一想，我生为法国人，却无法成为高贵的英国人。

这样的事实，对我还不算是惩罚吗?”

那些民众听完愣了一下，随即哄然大笑。就这样，幽默的沃泰尔被英国民众笑着释放了。

人生就是这样，时刻充满着戏剧性。而这戏剧性的主导者，便是正在经历事件的人本身。如果我们对待一件事情充满怨怼与不满，他人势必会回馈给我们唉声叹气。相反，我们微笑着、风趣地去看待他人，那么他人回馈的便会是愉悦与喜欢。

幽默虽然不具备能量，它却可以用迂回的方式打开他人的沉重与郁闷。面对生活的不公，世事的坎坷，我们回报以诙谐和幽默，也就给对方传达了某种快乐信息，在他人心中撒下了快乐的种子，最终必将收获阳光与友好。

幽默是一种个人魅力。一个人如果能时刻保持幽默气质，那么，不论环境多么恶劣，情况多么不容乐观，他都可以让自己成为受他人欢迎、喜爱的人。著名文学家林语堂说：“幽默是一种人生态度。”如何利用这种人生态度至关重要。因为幽默的谈吐会让我们的社交变得轻松，会让我们身边的人轻松，让我们自身善意得到展现。此时，我们就会成为受他人喜欢、受他人接受的人。相反，没有幽默，我们的人生很可能灰暗一片，我们也很可能成为不受欢迎的人。

不过，话又说回来，虽然幽默作用巨大，但把握一定的度也非常有必要，特别是一些有可能引起他人误会或者是尴尬的话。明智的是，不论什么时候，幽默都应该以自我调侃为主，因为这个尺度更容易拿捏。有些人、有些事是可以用来开玩笑，进行调侃的，但有些人、有些事却万万不能触及，不然很容易招来难堪。

毛遂自荐，说话水平决定着你的成败

语言只是一种工具，通过它我们的意愿和思想就得到交流，它是我们灵魂的解释者。

——法国·蒙田

人们经常说，这是一个自我推荐的社会，如果一味地等着伯乐来发现你这“千里马”，最终可能就是千里马一生也见不到伯乐的影子。确实，在适当的时候，在适当的场合，进行自我推荐，这比埋头苦干，一心等待伯乐的发现，其成功概率要高得多。

但是，毛遂自荐不是人人都可以成功的。唯有说话水平高的人才有胜算。所谓说话水平，就是我们与社会、与人际相交流、沟通的语言能力。只有说话得体，只有说话水平高，才能起到打动他人，成功展示自己的优势，成功地让对方认同自己，从而给自己发挥才干的机会。

玫琳·凯是化妆品公司的推销员。她良好的推销成绩就得益于成功的自我推荐。

有一次，她拿公司的新产品到外面去推销。但这并不是轻松的任务。很多人对推销员都有抵触情绪。如何与顾客说上话，成功将化妆品推销出去呢？玫琳·凯一边走一边思索。

走着走着，玫琳·凯经过一家服装店时，看见两个女孩正在店里选衣服。这时已经快要中午。玫琳·凯想：如果再不主动出击，那今天上午就白白浪费了。于是，她走进了服装店。

进店之后，她并没有马上向两个女孩推荐化妆品，而是一边看衣服，一边听他们对话。

两个女孩，一个黑头发，一个是黄头发。黑头发女孩认为自己手里那件衣服非常好看，说："我喜欢这扣子，你看多漂亮啊！"

黄头发女孩却说："我不喜欢，这是什么破东西，简直太难看了。"

就在这时，玫琳·凯接过话题，说："我觉得，这件衣服的衣领很好看。你穿起来的时候，脖子高贵得就像公主一样有气质。如果能再配一条项链，那就堪称完美。"

黑头发女孩一听，非常高兴，说："真的吗？我也这样觉得。"

随即，黑头女孩对黄头发女孩说："你刚刚就没有发现它的好。"。

"谁说我没发现，我只是先说了扣子。"黄头发女孩很不服气。

玫琳·凯便拿起一件衬衣，对黄头发女孩说："我觉得这件衬衣更衬你的身材。"

果然，黄头发女孩立刻穿试起来。然后，三个人开始讨论哪个好看，如何搭配。

玫琳·凯寻机说："最基础的搭配当然是妆容，皮肤一定要进行护理，然后化一个漂亮的妆才行。"

很快，两个女孩知道了玫琳·凯的真实身份——专业化妆品推销员。他们几乎以一种求教的口吻向玫琳·凯请教衣服与妆容方面的问题。

趁此机会，玫琳·凯用专业知识给两个女孩进行了讲解，并最终成功地将产品推销给两个女孩。从此，那两个女孩成为玫琳·凯的忠实顾客。

同样是自我推荐，太多推销员被人关于门外，而玫琳·凯却在顾客眼中成为专业人员，最有话语权的人士。她这种自我推荐不可谓不成功。

西方哲人说："世间有一种成就可以使人很快完成伟业，并获得世人的认识，那就是讲话令人喜悦的能力。"这应该是对说话水平最好的总结。因为，一个说话有水平的人，不论在什么样的环境中，都会如鱼得水，想要成功推荐自己，自己的产品，自己的意见，那都是轻而易举。如果你不具备这种能力，没有好的说话水平，那么，你所面对的，可能就是毛遂自荐后的失望了。

毛遂自荐类的事件，在职场最为多见。我们想要生存，想要上升，想要达到自己心中的目标，就要不断想方法展示自己的才华。但是，只抓住机会毛遂自荐，没有高超的说话水平，那最终也实现不了愿望。因为说话水平反映个人思维、认知高度、知识底蕴等，而这些决定着对方是否认同和接受你。

所以，身在职场，我们日常绝对不是单纯的培养自我业务能力、吃苦耐劳精神就可以的。说话，培养说话的水平，让我们除了有一技可傍身之外，更有一张"好嘴"能始终相伴。不论在什么样的场合，都可以说出有水平，有技术含量的话来，从而让他们看到我们个人的能力。如此再自荐上升，也就水到渠成了。

不过，想要提升说话水平，成功毛遂自荐，我们需要记住四条铁律：

1. 不说大话。大话永远是让自我信誉降低、名声扫地的绊脚石，因为它会给人不靠谱的印象。

2. 不说套话。所谓套话就是人人都明白的"江湖"客套语言。它给人的感觉就是此人不但水平不高，而且思想也很贫乏。

3. 不说假话。人生虽然总要面临真真假假，但在毛遂自荐面前，在领导面前，假话是自废“武功”的试金石——再好的业务能力，再妙语生珠的语言，也会被断送。

4. 不说空话。空话给人的感觉总是丈二和尚摸不着头脑，有思想的领导与倾听者，很容易从中看出“行骗”的伎俩。

别将丑话丑着说，干得漂亮还要说得漂亮

如果你要使别人喜欢你，如果你想他人对你产生兴趣，你注意的一点是：谈论别人感兴趣的事情。

——戴尔·卡耐基

人们常说：一句话说得人笑，一句话说得人跳。这就是说话水平的问题。在与他人交谈时，是让对方感觉到春风拂面，或者是让对方索然无味，甚至憎恨不已，其实都是一句话的事。对于掌握沟通技巧的人来说，哪怕不好的事，尴尬的问题，也因为对话语的把握，最终“改变味道”，将事情说得反映个人圆满，将尴尬化解掉。这就是丑话不能丑着说，干得漂亮说得也漂亮。

所谓丑话，很好理解，无非是让别人听了不舒服或者不好听的话。很多时候，这种丑话不得不说，但并非一定要实话实说——此时若能将“丑话”换种方式讲出来，其效果就截然不同。

亚丽诺在美国一个乡村的家族企业工作，担任董事长助理。她感觉各方面都不错，就是董事长的个人习惯不好——喜欢抽雪茄，在办公室内，完全无所顾忌。亚丽诺叫苦不迭，经常与其人说："我这是被动吸烟，而且不吸不行。"

为此，亚丽诺没少给董事长提意见。有一次，她为此还差点把工作丢了。

原来，亚丽诺对董事长说："您这样吸烟，不但有害自己的健康，而且对我也有伤害。我认为，你应该戒烟才对。"董事长看着一脸大义凛然的亚丽诺，不由冷笑起来："要么你另择高就，要么请不要抱怨，这是我30多年的习惯，不会因为任何人改变的。"

为此，亚丽诺只好不断给办公室里搬盆栽，不断开窗透气。每次，董事长坐在窗前吹冷风时，都没有好脸色给亚丽诺看。

去年，亚丽诺休了一个长假。公司便让一个叫安莉丝特的女孩代替她的工作。可是，等到亚丽诺回到公司才发现，董事长办公室几乎是换了一种环境——不但桌上的绿色植物长得郁郁葱葱，董事长再也没有在办公室抽雪茄了。一天当中，他总会去吸烟室坐一会儿，回来便不再想雪茄的事。

不仅如此，亚丽诺一回来接替工作，爱莉丝特便被调去行政总部，成为行政总监。

亚丽诺百思不得其解，于是在休息的时候去问安莉丝特："你是怎么说服了固执的董事长去吸烟室抽烟的？为此，我可没少唠叨。他不但听了你的话，还给你升了职。这可真是新鲜事。"

爱莉丝特笑了笑，说："我可不敢与董事长对着干。只不过，当顾客到来时，我刻意夸奖了董事长克制、尊重员工等良好习惯。而且，我对顾客说：'我们董事长总是照顾他人的感受，但却不太会爱惜自己。您看，为了缓解工作压力，他抽了太多雪茄，只是这办公室环境就足以对他身体造成影响，这可真让人担心呀！’于是，董事长便再也不在办公室抽烟了。你没看那些盆栽都长得旺盛了吗？”爱莉丝特说完，便开心地笑了。

亚丽诺做了很多改善办公室环境的事，说了很多抽烟不好的话，可董事长却一点都听不进去，还对她产生了看法。同样为了改变自己工作中被动吸烟的问题，爱莉丝特换了种说法，让人感觉她设身处地为董事长着想，自然效果也就不一样了。

其实，我们一生难免要遇到被动、尴尬、不好意思，换位思考一下，如果有人直接将难堪丢到我们身上，我们内心将会是何等愤恨？相反，若是一句委婉的讲述、提醒，我们接受起来也就心平气和了。

身在职场，我们每时、每日无不为着应酬、升职等问题在忙碌。假使总如亚丽诺一般直来直去表达自我，那又如何上升呢？当然，这并不是让我们一味地阿谀奉承，这只是告诉我们一个现实：面对必须要说的丑话，不如用一种漂亮的方式讲出来，所谓做得漂亮，还要说得漂亮，不然，就只剩下吃力不讨好。

很多都认为西方人惯常直来直去。但事实却并不是如此。他们注重沟通技巧，甚至将口才与技术、能力划为同等重要的社交“武器”。这很容易理解。试想一下，与顾客交流时，我们不懂得委婉聊天，又拍桌子又口出狂言。如此，哪怕给顾客的优惠再多，对方能心甘情愿地与你合作吗？

人生就是如此。我们不可能永远生活在绝佳的环境内按理想的愿望生活。我们需要获取他人好感时，我们身为下属不得不与上司说实话时，我们身处社交场合必须要应酬好所有人时，我们有求于人必须放下身段时，如果连一句得体的话也不会说，又如何获得想要的结果呢？

在人生大舞台上，将丑话说好听了，把工作干漂亮的同时又将话说漂亮了，才是真正的赢家。因此，我们需要注意一下以下说话技巧：

1. 能不说的“丑话”，最好不说。这也就是说，有些矛盾问题，如果能不直接面对，是可以采取迂回手段的。所以，若能让自己不面对这样的尴尬问题，才是最高明的沟通技巧。

2. “礼”多人不怪。同样是一句要得罪人的话，但如果能多点礼貌，能有前提条件地讲出来，那么对方势必会心服口服。很多人喜欢“得理不饶人”，这其实恰恰是沟通大忌，要明白，风水轮流转，谁知道哪天自己就会遇到相同的境界呢？

第二章 不善于沟通，你的优秀将大打折扣

沟通是人际关系的通行证，是新时代展现自我优秀的敲门砖。美国未来学家奈斯比特说：“未来竞争是管理竞争，竞争的焦点在于每个社会组织内部成员之间及其外部组织的有效沟通上。”因此，不善于沟通，不但让我们自身才华有损，更让自我优秀无处施展。

“独角戏”只会让你损失听客

话最多的人是最不聪明的人，在一个演说家和一个拍卖人之间，几乎没有区别。

——（黎巴嫩）纪伯伦

生活中，有些人特别喜欢说话，往往与他人坐在一起便会滔滔不绝，更有甚者，让他人完全插不上话。其实，这种太爱说话就是不善沟通的表现。当然，并不是说善于沟通者要不说话，而是真正会沟通的人，总记得给他人留有说话的机会，不会过分张扬，也不会将整个话局搞成一场“独角戏”。因为，唱“独角戏”的结局，往往是听客流失，让他人远离你的身边。

华尔街一家大型地产公司贴出招聘启事，欲聘请一位有经验和特殊能力的人。克伯尼与罗斯福同时投出简历，并同时收到了面试通知。罗斯福有房产销售经验，而且语言能力极强。克伯尼深深感到自己不如他。为此，他私下做了一番准备，想在面试过程中脱颖而出。

面试官是公司老板。老板看了看前来面试的人，问：“你们想来我的公司上班，有没有想过自己有哪些经验或者能力这个问题？或者，你们有什么问题要问我吗？”

罗斯福抢先说：“是的，我有房地产公司工作经验。我曾经创下过一次性卖出28套房产的业绩。在公司，我一直是大家崇尚的榜样。

公司的业务，我全都熟悉……”

接下来20分钟里，罗斯福细数自己的业绩，大讲曾经在公司经历过的事情。

克伯尼始终在一边听着，内心不由产生了担忧——罗斯福这样的竞争者，实在太能说了，别人完全插不上嘴。

不过，老板似乎对罗斯福的话语失去了耐心。他直接打断罗斯福的讲述，转问克伯尼：“你难道没有什么要说的吗？”

“我只是觉得，如果能入职这家公司，我会感到特别自豪。”克伯尼马上说，“因为您的创业经历一直激励着我。我有一个问题想要问，报道中说，您在28年前创业之初，只有一间房子，一套办公桌及一个速记员，其他什么都没有，这是真的吗？”

老板眼中立刻涌出激动而自豪的神情。他开始讲起自己创业的故事。当说到自己用450美元克服各种困难，终于让公司走上正轨时，他眼里几乎饱含热泪。

讲完创业经历，他又马上问了克伯尼几个简单的问题，便对身边的人说：“就留下他吧，他是我们所需要的人。”

坐在一边的罗斯福百思不得其解，为什么自己讲了那么多，却丝毫没有引起老板的兴趣，而克伯尼只谈了一个问题，便被成功录取。

其实，作为旁观者，我们都非常明白，一个喜欢长篇大论的人，如果不是有着绝对优势，那势必就会被人当成唠叨。当我们在面试官面前滔滔不绝时，是很快会被这种唠叨所打败的。应聘虽然需要展示个人的才华，但沟通却要讲究技巧。我们即使没有办法让自身经历闪闪发光，也应切记不可再用过多的语言掩盖自我缺点。因为，这样只会让老板看到我们的薄弱。

不仅是应聘工作，在日常生活中、工作中、与人交往时，都是如此。如果只一味地自己讲个不停，完全不给别人说话机会，就难免让人产生误解。相反，将自己放得低调一点，给对方一点尊重，这样会让沟通更顺畅，而且还会为自己的魅力赢得加分。

古希腊有一句民间谚语：聪明的人，借助经验说话；而更聪明的人，根据经验不说话。与人交流时，如果我们一味口若悬河，甚至夸大其词，就很容易尝到被人冷落的滋味。因为当我们在不停讲述时，对方或者陷入沉默，或者只敷衍应声，或者寻找借口离开，这些都是对我们的一种冷落。沟通需要两方你来我往交流，一个人自顾自地说个不停，自然体现不出沟通的存在，冷场就必不可免，对方冷落你也就水到渠成了。

法国哲学家罗西福克说过一句话："内敛会让你获得朋友，好胜会让你得到敌人。"这句话的意思是，当我们在朋友面前信口开河的时候，其实不过是想要压过他人，而突显自己，让自己显得更为重要。可是，正是因为这种好胜，它让其他人有了压力，让别人宁愿选择远离，也不想被当成倾听的空气。由此可见，话语过多，对自身是一种多大的损失。

事实上，一个重视沟通的人是不会忽略这种细节的，哪怕再能说，再会说，也不会锋芒毕露，也不会不给对方留下交流、倾吐的机会。因此，在与他人交流时，我们不要为了说话而说话，更不要去抢别人的说话机会，要把握一定的"度"，让我们赢得他人好感的同时更能有意外收获。

说话态度不好，你再优秀也不受欢迎

声调运用所以具有意义，倒不是仅仅为了嘹亮的唱歌，漂亮的谈吐，而是为了准确地、生动地、有力地表达自己的思想感情。

——马卡连柯

美国西点军校有一句校训：态度决定一切！这里的态度应该不仅单指对待事物的心态，更包括说话时的态度。因为语言是人际交往工具，可以直接反映一个人内心的真实，比如，礼貌、平和、愤怒、鄙视等。所谓用词恰当，语气得体，就是为了彰显说话者由内而外的整体面貌，而说话态度就是这个整体面貌的大门。

有人说眼睛是心灵的窗户，语言则是心灵的泉水。如果我们说话态度总是不分明，充满负面情绪，抑或总是颐指气使，就很难赢得他人的喜欢，从而导致失去更多机会。

沙皇尼古拉一世在位时，俄国国内爆发过一场叛乱。以李列耶夫为领袖的叛军要求俄国加速前进，追赶欧洲先进国家，并进行现代化改革，让工业得到发展。尼古拉一世很快镇压了叛乱，并将李列耶夫抓住了。

尼古拉一世宣布李列耶夫叛乱，下令把他绞死。李列耶夫很不甘心，被人绑上绞刑架之后，开始用力挣扎。没想到，他挣扎几下之后，那绳索突然断了。李列耶夫从高处一下掉了下来。他很快意识到自己并没有被绞死。按照当时的规矩，这种从绞刑架上掉下来的事可被视为“上天的恩宠”，被绞死者可免于死刑。

李列耶夫掉到地下之后，心情非常愉快。他认为自己的命可以保住了，便对围观的人大声说：“你们看啦，这就是俄国的工业，多么差劲啊！连一条绳子都做不好，他们还能做好什么事呢？”那语气当中充满了对沙皇的嘲讽。

尼古拉一世听说绞刑绳索断了后，是想赦免李列耶夫死刑的。可就在他准备签署赦免令时，前来报信的信使却告诉他：“李列耶夫正在那里大肆宣扬俄国工业落后。”

尼古拉一世想了想，便问信使：“他怎么说的？”

信使如实回答：“别提他有多傲慢了！他嘲讽俄国工业差劲，连一条绳索都不会制造。”

“既然如此，那就让他看看俄国工业与他认知相反的事实吧！”尼古拉一世生气，将赦免令撕碎，命令继续绞死李列耶夫。

这一次，绳索并没有断掉。李列耶夫因为自己一句嘲讽的话，最终失去了生还的机会。

或许，身在职场，我们不会因为一句话而丢失生命，却很可能因为说话态度不谨慎，语气不得体，最终得罪某位领导，或者与同事产生某种误会。这时，我们职场旅途增加的只有坎坷，除此之外，不会带来任何好处。

更多的时候，我们说话态度不佳，往往让自己的优秀大打折扣。我们稍微留心就可以发现：公司内任劳任怨的员工，似乎总是说话格外不中听的人。而他们说话不中听，让领导抹杀的不仅是业绩，更是他们的为人。所以，升职没有他们的份，加薪没有他们的份，挨批却次次少不了。有人总结说：做得多，错得多。说穿了，就是因为他们平时做得多，从而自恃有功就忘记了自己说话的态度。这是不重视沟通的表现，自然为职场大忌。

当然，这种心态也好理解，一个任劳任怨的员工，内心总难免有“我凭实力吃饭”的感觉。这让他在领导、同事面前少去了谦逊、低调的口吻，说起话来也格外直接一些。相反，那些经常完不成业绩，或者早退迟到而心虚的员工，则会因为自己的不足，着意放低姿态，说话格外和气。于是，也便有了“多做多错，不做不错”的局面。

这种“现实”曾经被视为职场死穴，什么人都逃脱不了。但真是这样吗？其实不然，一个善于沟通，重视沟通的人，是会很容易改变这种现状的。比如，我们对自己的语言进行整理。此后，我们很快就会发现，那些一度以为改变不了的“现实”不一样了。因为我们更礼貌、更谦逊，同事、领导都会格外喜欢一些。而尊重、包容的语气态度，又让领导从中看到我们身上的大气、谦和之风。自然，也就更加青睐几分。如此，职场之路还会难行吗？

可见，说话态度是不能以自己优秀不优秀为前提的，不管在什么时候，在什么地方，保持态度平和，不蔑视、不嘲讽他人，不大呼小叫、不歇斯底里地说话，就会让他人更容易接受，并引起对方足够的思考与反省。记住，说话态度尽量保持温柔与平和，就能达到我们最想要的状态。

害怕与陌生人说话，你只能靠边站

言辞是行动的影子。

——(古希腊) 德谟克利特

不论是谁，也不论在什么环境中，与陌生人打交道都是必不可免的。如果我们因此而退缩，因此而回避，那只能说明，我们是不重视沟通的。不重视沟通所带来的后果，就是让自己流离于人际关系的大门之外。而我们一旦失败于人际关系，那再多的才华，再优秀的本领，也都将随之失去用武之地。

安妮是从美国来到英国留学的女孩。她个性比较内向，加之朋友圈的局限，使她对沟通并不重视。她虽然不爱说话，成绩却非常优秀。多年苦读，她终于要 MBA 毕业了。因为喜欢英国的人文环境，安妮准备在英国就业。

英国有规定，公司在聘用外国人时，必须为其申请工作准许证。这过程非常麻烦，既费时间又费力气，往往要跑很多趟才能办好。很多公司并不乐意惹这样的麻烦。安妮想找一份工作变得格外不容易。她投了很多求职简历，好不容易才得到一家苏格兰制酒公司的面试机会。

这是一个来之不易的机会。安妮当然非常重视。接到通知第二天，她坐 3 个小时的火车才来到苏格兰。出了火车站，安妮见手表显示的时间是9点40分。面试是在11点30分。她如果选择走到公司，则需要1小时20分钟。所以，安妮并没有打出租车，而是一路慢慢走向那家公司。

她想顺便熟悉一下这段路程，以方便日后往返。她走到十字路口时，看到对面大楼的时钟上赫然显示着10点55分！安妮被吓了一跳，又看了自己的手表，才发现它不知何时早已经停掉了。

安妮马上打开自己的电脑。电脑显示时间10点57分。这下，安妮慌了。在英国，叫出租车是需要提前预约的，现在打车明显来不及。如果她依旧选择跑步去公司，则需要40分钟左右。安妮一边跑一边想要搭辆车——她不想错过这个面试机会。

可是，当路过一辆的汽车停下来时，她想张口求救的时候却退缩了——她不知道如何开口，甚至害怕与陌生人说话。车里的人看了她一眼，便扬长而去。安妮懊恼不已。当第二辆车子开过时，她壮着胆子与司机打了招呼："嗨！"可接下来，她却不知道该说什么，最终只是摆摆手，继续朝前跑去。

直到跑到面试公司门前，安妮始终没有勇气叫停一辆车子。公司工作人员看到她后，坦诚地说：面试官是从新加坡赶来的，现在已经去赶下午2点钟的飞机了。安妮呆站在那里，眼泪掉了下来。

这或许是我们无论如何也想像不到的结局，一个MBA毕业的优秀人才，居然因为不知道如何同陌生人说话，而白白错失了工作面试的机会。可事实是，与陌生人说话，寻找帮助，本身就有着一定的障碍，远不如熟悉者那样自然与轻松。如果我们平日里对沟通有所忽视，那么想要成功与陌生人交流并得到帮助，就更是难上加难。可见，害怕与陌生人说话的结果，就是让我们远离机会，远离成功。

当然，这样的例子不在少数。沟通是一件大事，它不只意味着与熟悉的人交流，更要求与陌生人时刻保持无障碍谈话。我们任何人都避免不了与陌生人打交道。很多时候，原本很优秀的人，却无法成就事业，就是因为他们不善于与陌生人沟通，从而错失一个又一个机会。

事实上，与陌生人沟通并没有那么难。一般只要掌握以下几个方面，我们就可以轻松缩短与陌生人之间的距离，成功实现沟通的可能。

1. 多问开放式问题。与陌生人说话，最怕简洁的你问我答，这让对方找不到扩展话题的余地，双方的聊天自然就要进入死胡同。

2. 多讲共同话题。这很简单，不论是谁，对于日常的吃、喝、住、行等问题都是有自己的看法，这样的话题可以充分打破双方之间的尴尬。

3. 尽量用热情饱满的态度进行聊天。我们如果可以主动给对方以真诚的微笑，那对方回馈的势必就是柔和、友好的笑容。同时，还能让对方放下陌生与顾虑，从而有与我们讲话的意愿。

4. 直接表达感受。据说这是很有用的方法，当我们将自己尴尬的感受告诉对方时，很可能使对方因为同样的感受而找到共同话题，进而产生进一步交流的拓展。

5. 发表评论。与陌生人之间闲聊可以对大家共同了解的新闻时事进行评论，这是给我们展示自己的机会，也是让对方畅谈的方法。

说话不自信，没资格要求别人信你

我们对自己抱有的信心，将使别人对我们萌生信心的绿芽。

——拉劳士福古

在与人沟通过程中，自信是非常重要的一个元素，它不但能影响到别人对我们的认知，也关系着沟通是否能获得成功。不过，自信不是随便垂青任何人的。那些说话自信、能够依赖它取得巨大成功的人，其后天都曾经经历过不懈的努力。我们不应因为自信心不足，或者不够专业而放弃它在沟通中的作用。因为缺少了它，我们将永远无法在他人跟前赢得信任。

尼克松曾经担任过美国总统。他也曾一度因为不自信而失去在政治上有所作为的机会。

1972年，尼克松参加总统选举。当时，因为他已经是美国总统，所谓参加竞选就是争取连任。以他当时的政绩，连任的可能性非常大。大多数政治评论家都理所当然地认为，尼克松将以绝对优势获得连任。

但事实是，在竞选过程中，尼克松却表现得非常不自信。他首先想到的是未做总统之前连接几次的竞选失败。一想到那些，他就感觉自己完全无法掌控局面，就担心这次连任会失败。这让他患得患失，以致有时连竞选演讲都说得毫无底气。

尼克松这种反常表现让很多人感到奇怪，也对他产生了质疑。这种反馈无疑对尼克松的影响更大。正是因为不自信能获得连任，他居然做出了有生以来最后悔的一件事：让人在竞争对手的房间装下窃听器。

虽然这帮助尼克松成功地获得了连任，但窃听事件却成为公众关心的大事。这件事见诸报端后，美国当局开始进行调查。尼克松不得不利用自己的权力，再三阻止调查，甚至将自己与事件划清界限，从而推卸所有责任。可是，民众的眼睛是雪亮的。尼克松最终在获得连任总统的职位上被迫辞职。这是他一生都提及后悔不已的事。因为不自信，他让自己原本可以连任的机会化为泡影。

人的一生，难免会有因为荣誉或者成就或者耻辱感而引发的自信不足。这种心理情绪爆发，会影响人的行为以及说话水平。所以，很多人会从对方的谈话中来判断其内心的想法及心态。连尼克松这样的大人物都没有办法逃避它给自己带来的影响，职场芸芸众生的我们，又怎么能用不自信的语言掩盖内心真实呢？

我们必须要牢记：当我们说出不自信的话时，我们的内心便已经暴露于对方的跟前。别人可以从我们的话语中看到我们内心极为纠结、摇摆、不确定的真实。这时，我们还有什么理由要求别人信我们，买我们的账，与我们进行业务往来呢？

要想在沟通中说服别人认同我们的观点、想法甚至是安排，我们自己首先要自信，哪怕只是声音中的自信。所有的言语不畅、情绪紧张、说话搪塞，都是自信不足的表现，它会让我们失去感染力。相反，不卑不亢、从容自然、谈笑风生的言语却有杀伤力，它可以让对方在我们的言谈中感受到积极、正面、坚定的心理暗示，从而相信我们所说、所想的事。

有人说：“自信是口才的驱动力。”想要成功与人达成沟通，先从建立自己自信的谈话开始。而想要让自己说话变得自信，并不是什么困难的事，如果能做到以下几点，就可以顺利走上自信沟通的坦途。

1. 说话时勇于正视对方的眼睛。一个站在我们面前侃侃而谈，却总是眼神闪烁，想要逃避的人，不是内心有鬼，就是自卑作祟，我们自己不喜欢这样的人，与之沟通的对方也同样不会喜欢。唯有在说话时，用眼睛给对方以明亮、有神的信心，别人才会更信我们所讲的话。

2. 抬起头说话。抬头、挺胸，是一种最自信、有底气的肢体语言，它可以让我们谈吐自如，不卑不亢。而一个低着头，垂目望着自己脚尖的人，说出的话总给人信心不足，内心不定之感，这是最缺乏自信的表现。这种情况下，说出的话也是没有丝毫力度的，非常容易引起他人质疑。

3. 在脸上保持微笑。与对方沟通时，我们要记得将笑容展现出来。这样不仅能让自己得到信心与鼓励，还能让对方从我们的微笑中听出话语的亲切、自然与理所应当。因为，这是问心无愧、心底无私的表现，对方会因为这种感受而更加信任你。

对人不热情，你只能遭冷遇

没有一件伟大的事情，不是由热心所促成的。

——爱伯特呼巴德

曾经听过这样一种说法：希腊人以热情为人生态度，当一个人死去后，他们不会悲伤，而更关注死者生前是不是曾经热情。因为一个没有热情的人，活着与死了没什么太多区别，死了也就死了；但如果死者生前热情，人们反而为之庆幸，认为死去也没有关系，因为死而无憾。

由此可见，人的一生，热情是一件重要的质量标准。

在现实生活中，我们不止一次抱怨生活不够美好，抱怨四处碰壁，遭人冷遇。可是，我们可曾问过自己：我对别人热情吗？如果我们对别人不热情，又凭什么要求他人对我们回馈亲切？如此一来，冷遇岂不是最合理的态度？

在巴黎一家教堂里，有一位牧师在教堂已经住了20年。可是，他总感觉生活越来越糟，人们对他的态度也一天不如一天。他非常想不通，为什么初来教堂时，人们总是对他热情有加，如今却变得默然无所谓了呢？

有一天晚上，牧师做完祈祷后进入了梦乡。

他感觉自己被天使带到了天堂。天使说上帝要赏赐为自己工作的人。牧师很高兴，认为自己侍奉上帝20年，兢兢业业，上帝应该都看在眼中吧。

就在这时，天使捧着一顶华丽无比的冠冕走到牧师跟前。牧师看到冠冕上镶满了珠宝、珍珠，光彩照人，华丽灿烂。可就在他想要接受冠冕时，一边的天使长却对天使说："你拿错了，这顶冠冕是20年前为他准备的，那时的他热情而有爱心，拼命为了信仰进行见证。可惜啊，他的热情只维持了不长时间，就开始热情减退了。你去换一个次等的冠冕才行。"

天使捧着冠冕离开了好一会儿，才捧着一顶只镶有一颗宝石的冠冕回来。这顶冠冕与前面那顶相比，简直天壤之别。天使长看了一眼，依旧摇头说："还是不对，这顶冠冕是10年前为他准备的。那时的他虽然没有热情，但却还能把持工作态度。可惜，他如今已经成为一个冷淡的人。这顶冠冕已经不适合他。再去换一顶吧！"

又过了一会儿，天使拿着一个暗淡无光再普通不过的冠冕回来。牧师看到这顶冠冕，大吃一惊，说："我为上帝工作了20年，从来不知道自己这么冷淡无情啊！"

随着这声质问，牧师从梦中醒来。他细细想了一下这个梦，似乎突然明白了自己之所以越来越不受人喜欢，是因为自己先失去了热情。

从此，他勤奋传道，热情对待每一个来礼拜、祈祷的人，最终成为最热心也最受教堂欢迎的人。

人的一生几乎都是如此，我们最初与人交流、工作、待人接物的时候，无不内心热情，充满热心。但是，我们却因为日复一日的重复而慢慢将热情磨灭了，对别人动辄以冷漠，甚至对朋友、家人也经常不给好脸色。等到发现自己四处受人冷遇时，我们才会明白自己的热情早已不知去了哪儿。

还有一些人，因为自身的不幸，或者是自卑、麻烦、压力大等等原因，而不愿将热情投注于所有人，却又往往因为在外面受人冷遇，致使心情极为烦躁。有句话说："荣辱之责在乎己，而不在乎人。"热情也是如此，当我们用热情去面对别人的时候，我们所得到的就是被调动起的热情回馈。而我们一直冷落他人，最终收获的必定只能是冷遇。

热情本身并不需要我们耗费什么。它是一座天然的，取之不尽的矿藏。不论我们身处何地，境遇如何，只要我们愿意，都可以随时拿出来与人分享。爱因斯坦说："只要你有一件合理的事去做，你的生活就会显得特别美好。"热情也是如此，当我们立足职场时，只要拿出热情这件美好的外衣，用坚定的信念去执行它，那么，未来的发展与成就，就可以凭着这热情而变得生动、成功、充满活力。

在沟通过程中，我们只有拥有热情，并将热情传递给对方，才能将原本陌生的人变成朋友，将那些出于应酬不得已而为之的交流变成丰盛人生、职场业绩的云梯。而在我们热情的对待下，他人是不会吝啬自己热情的。因为人与人之间，原本就是相互的，所谓你敬我一尺，我让你一丈。热情会让我们的心胸变开阔，让那些小肚鸡肠灰飞烟灭。

大诗人乌尔曼说："年年岁岁只在你的额上留下皱纹，但你在生活中如果缺少热情，你的心灵就将布满皱纹了。"我们为人处事，打拼职场，已经非常不容易，为什么还要因为吝啬热情而惨遭人际沟壑，岁月折磨呢？

说话腔调决定着个人魅力

如果想要改变自己的人生，就必须谨慎选用字眼，因为这些字眼能使你振奋、进取和乐观。

——（美国）安东尼·罗宾斯

作为一个听众，如果你所听到的声音全部都是一个语调，那么，无论故事本身多么生动有趣，最后都会成为一个"睡前故事"。因为用平淡无奇的语调来讲述一件事情的同时，也就失去了我们个人情感的表达，如此只能让人觉得索然无味。

相反，如果在讲话中能把握好语调，让话语有抑扬顿挫、高低起伏之区别，让语调有效渲染出自己的感情，那么我们的想法和感情会恰到好处地传递给听众，并使对方很快产生共鸣。此时，我们就会成为他人心目中情感丰富、行为优秀的理想人物。

在波兰，有一位赫赫有名的大明星，人们习惯称她为摩契斯卡夫人。

一次，摩契斯卡夫人受邀到美国演出。演出时，她与台下观众进行互动。由于语言不通的关系，她只能用波兰语与人交流。台下观众要求她用波兰语念台词。于是，她立刻用流利的波兰语大声念出一大段台词来。

台下的观众其实并不知道她念的究竟是什么台词，但看着她表情投入，语调抑扬顿挫，念得慷慨激昂，立刻热情高涨。她又继续往下念，但语调却渐渐变得低沉起来，在她念到悲悯万分时，突然戛然而止。台下的观众不明所以，纷纷都竖起耳朵来听，并且保持着安静。大家虽然都不知道摩契斯卡夫人究竟读了些什么内容，但都沉浸在她语调制造出来的悲伤情绪当中。

就在大家纷纷都觉得悲从中来的时候，台下有一位男子忍不住笑出了声。这个忍不住发笑的男人不是别人，正是摩契斯卡夫人的丈夫。因为只有他懂得波兰语，知道摩契斯卡夫人在台上慷慨激昂地念了些什么。原来，她并没有念什么令人值得悲伤的台词，而是用波兰语读了一段九九乘法表。

有个成语叫作“声情并茂”，它就是告诉我们，说话时，语调应该表现出抑扬顿挫的起伏感，如此才能吸引听话者的心理。而且，一个语调、神情丰满的谈话者，是可以感染聆听者的情绪的，因为听众会从我们的语言中听出与众不同的魅力来。其实，说话的语调就好像是词语当中的形容词一样，它不仅可以给语言润色，更能让讲话的我们变得生动，富有魅力。没有语调的语言说出来苍白无力，但有了语调的衬托之后，语言就有了不同的表现力。

我们想要充分发挥自己的才华，想要让人接受和认同自己，与人沟通时就一定要注意把握好语调，让自己的语言更具感染力。例如，我们在强调一件事情的时候，语调一定要有起伏，声音落差可以尽量大一些；在表示疑问的时候，语句的末尾语调要微微上扬；如果要表现强烈的感情，那么语调要时而降低时而提高。

要做到把握好语调，提升自己的语言魅力，有效将优秀的自己推销出去，我们可以从以下四个方面入手：

1. 培养自信心。我们想要让自己的语言更具说服力，那么不妨先培养自己的自信心。在讲话的时候，我们一定要相信自己的语言可以打动听众。唯有这样，我们才能够在发言中充满自信，才可能去感染听众，让听众接受我们的想法或者观念。当然，有了自信，我们讲话的语气自然也会抑扬顿挫起来，语言的感染力也会显露出来。

2. 运用情感发声。当我们要与人说话时，不妨加入一些自己的情感，比如高兴的话，用从内心发生的喜悦来发声，而伤心的话，则用沉重的心情来表达。这样，我们的话语便被赋予了生命，至少，它的表达中载有我们个人的生命。这样，自然就会让听我们说话的人产生相应反馈。

3. 注重眼神交流。与人沟通时，我们不要忘记眼神的交流。讲话时，我们的目光要与听众多交流，让对方感受到你是在用心讲话，而并不是胡言乱语。同时，通过眼神交流，我们可以观看对方的反应，从而测评出自己沟通的效果和水准。

4. 巧用肢体语言。我们要注意自己讲话时的音量、表情以及语调，还要适时加入一些肢体语言。与人沟通时，说话的音量不能过大或者过小，过大会让人觉得你的情绪过激，而声音过小，会让自己显得没有底气。此时，再适当加入一些肢体语言，就可以让语言更具表现力，但切忌肢体语言搞错或者出现不雅的肢体语言，避免造成误解。

不会暗示，沟通让你手足无措

所谓信仰就是自我暗示，在潜意识中被宣布或反复指点所产生的一种精神状态。

——拿破仑

从心理学角度来讲，暗示就是意识与潜意识之间进行沟通的媒介。在我们一生当中，每个人都会受其影响，而且这影响非常深远。因为它不仅对自我内心的情绪、意志有所影响，还会在与人沟通中产生重要作用。它作为一种语言或者感觉性的提示，可以唤起对方一系列的想法及动作。而不断重复的暗示，则会加强其心理变化，从而让沟通朝向好的方向发展。假使在沟通过程中，我们不会运用这暗示，那沟通的效果很可能让你手足无措。

很多人都不愿相信这个事实，认为暗示纵然有加强效果的可能性，但对于沟通并没有太多意义。毕竟，与我们沟通的人，其内心是受自己支配的，因为在他的内心也有自我暗示。如果我们真这样认为，那就大错特错。在交流过程中，来自对方暗示的力量有多强大，只有经历过你才会明白。

我们不妨来看一个真实的案例，从中一窥暗示的能量。

在第二次世界大战时期，有大量战俘被纳粹关押。有的人身体受伤，或者内心绝望，于是很快死去。但是，有的人却无所谓。纳粹组织准备在一些内心相对强大的战俘身上做个实验，于是选了一名健康的战俘，将他的四肢绑起来。

纳粹兵问战俘："你现在感觉害怕吗？"

战俘有些麻木，摇着头，并不说话。纳粹兵又将战俘的眼睛蒙起来，然后特别制造了一些声音出来，问战俘："你知道我们现在在做什么吗？"

战俘摇头，一副无所谓的样子。

纳粹兵又说："我们现在正在给你抽血，鲜红的血液正从你的身体里流出。你听，开始滴进你脚下的器皿中了。"

这时，战俘明显紧张起来。很快，他真的听到了血液滴入器皿中的声音。

纳粹兵看出了战俘的变化，又说："血越滴越快，越来越多，器皿马上就要满了，估计你身体里的血也不多了。我会让它一直滴到血液干涸，让你血尽而亡。"

就在这时，战俘忽然低低地叫了几声，很快便死去了。

战俘不知道，纳粹兵并没有抽他的血，他听到的滴血声也不过是用滴水的声音来冒充的。可是，他却因为想到身体血液不断被抽出，自己慢慢地血液干涸，死亡的恐惧导致他肾上腺素急促分泌，进而引发了心血管障碍，最终心功能衰竭而亡。

这就是暗示的魔力——只用声音，用语言，便足以杀死一个人。试想，在与他人沟通过程中，如果我们不会运用这种暗示，只一味地跟随他人的暗示进行思索、感受、想像，那我们还有自己的立场吗？我们的分寸能不乱吗？在这种情况下，还谈什么沟通、推销以及合作呢？恐怕我们所拥有的只剩下对自我内心无法把握的手足无措。

当然，我们说要在沟通中运用暗示并不是为了完全支配对方，而是为了让自我更有主动权，让沟通的效果更加理想。因为我们在与别人进行沟通的时候，难免会有一些不好意思说出口的话。这时，如果能通过暗示将其表达出来，既不会伤害别人，也不会阻碍交流。

不过，在运用暗示的时候，一定要记得口吻、称谓以及身份的适当。我们在什么样的沟通环境中，就会有什么样的身份存在，如果我们面对朋友、同事、领导等不同人群时，却始终使用相同的身份去沟通，那这就是一种失败的暗示，非常不恰当。我们必须明白，与领导在一起时，我们需要将自己置于员工的身份进行说话、称谓。这就是一种尊重的暗示。领导与你一说话，便可以领会到这种居高而下的优越感，从而对你的尊重心生喜悦。而与朋友、同事也是如此，只有适当的身份、口吻、称谓，才会暗示对方注重到我们正确的定位与关系。

另外，不同场合，要讲究说话的形式。不同环境对于语言的用词有所要求，这本身就是一种暗示。比如，在公司开会时，我们对与自己要好的同事的发言给予赞同时，只能说某某说得有一定道理。这给公司同仁的感受就是：我是本着客观、公正的态度来评价的。但如果我们因为对方与自己要好，便在这种场合叫着对方的昵称，大加赞扬，那你给公司所有人的暗示就是：我与某某是同一“战壕”的，不管他说得对不对。如此，公司其他同事对你原本正确的评价也要有意见了。

因此，在不同的沟通中，运用不同的暗示来加强对方的心理感受，强调自我言谈，不但要究方式方法，还要时刻保持谨慎。这样，暗示的力量才会让我们的沟通更有效。

不会调节气氛，与你沟通将会非常无趣

把自己体验到的感情传达给别人，而使别人为这感情所感染，也体验到这些感情。

——托尔斯泰

不论是谁，都曾经遇到过让自己尴尬，或者让对方窘迫的场合。在沟通过程中，这种遭遇非常有损沟通效果。但我们如果能适当调节现场气氛，巧妙化解这种尴尬，那这场沟通则会变得有惊无险，而且还非常值得回味。因为，一个不会调节现场气氛的人，给沟通对方的感受就是缺乏灵活。而如果善于调节现场气氛，则又让对方感受到我们的智慧与聪明，从而愿意与我们多交流。

1969 年，美国发射登月卫星，并成功实现载人登陆月球。这两位登陆月球的人就是阿姆斯特朗和奥德伦。在某种意义上说，这次登陆月球是他们两个人共同的荣誉，没有前后也没有早晚。但是，从太空舱内走出时，阿姆斯特朗在前面，他第一个以地球人的身份踏上了月球，从而使整个美国乃至于世界都记住了他的名字，却将奥德伦抛于脑后。

从月球返回地球之后，阿姆斯特朗变成登上月球的第一人，并且成功留下了“我的一小步，是人类的一大步”的名言。当两个人同时接受记者采访时，一名记者当面问奥德伦：“你们是一起登上月球的

人，但因为阿姆斯特朗比你早出太空舱，他就变成举世瞩目的登月球第一人。为此，你不觉得遗憾吗?”

记者的话刚问完，全场都变得异常安静。坐在一边的阿姆斯特朗也一脸尴尬。在这种场，大家都认为不应该用这样的问题来为难两个航天员。这不仅会让奥德伦很没面子，也会让两个人的关系变得微妙。问题问出来了，大家不知道如何来化解，只是静静地等着奥德伦做回答。

出乎意料的是，奥德伦并没有感到为难。他看了看大家，再看一眼不好意思的阿姆斯特朗，然后笑着说：“难道大家都忘了吗？虽然阿姆斯特朗是第一个踏上月球的地球人，可是，作为从外星球回来的人，我却是先出太空舱的。所以，我是由别的星球踏上地球的第一人。”

奥德伦的话一说完，全场人都笑了。一场让人尴尬的采访，也因为奥德伦的这一句话而变得温馨美好起来。

所谓天有不测风云，人有旦夕祸福。没有人知道在什么时候就会遇到这种尴尬的场面，特别是与不熟悉的人进行交流时，那些冷场、陌生、窘迫更是如影相随。若没有一种随时化解尴尬，调节现场气氛的本领，实在称不上是沟通的高手。像奥德伦这样，用善解人意的方法，风趣又别出心裁的语言来调节现场气氛，给每个人以圆场，那么，这场沟通也就可以画上最圆满的句号了。

当然，成功调节现场气氛不是我们天生就会的，有时甚至还会因为情绪等问题而忽略这场尴尬。可这时的我们，很可能给人留下无聊、小气、不够聪明的印象。相反，我们若能时时注意，并尽量将与对方之间的关系进行把握与调节，则能缓和紧张氛围，拉近与沟通者的距离。

那么，这种调节现场气氛的方法有没有规律可循呢？答案是肯定的。只要我们够用心，这种轻松把握现场气氛的能力是很容易获得的。

总结起来，具体方法可有以下几个方面：

1. 幽默最能缓和气氛。现在人际关系都比较复杂，在沟通过程中，很容易因为不小心的说话让大家陷入尴尬境地。当所有人的眼睛都盯向我们，或者双方之间瞬间出现冷场的时候，我们不妨勇于自嘲，用幽默的口吻来打破窘境，以给大家寻找下台阶的梯子。

2. 答非所问改变话题。有时候，两个人之间之所以会出现尴尬，就是问题问的不到位，对方不容易回答。但如果我们能巧妙地避开问题本身，用其他答非所问的话题来改变沟通障碍，这样双方也自然就都没有尴尬可言了。

3. 给自己解围。重视沟通的人是善于给自己解围的，当双方之间出现冷场，或者情绪改变，我们不妨勇于为自己解围，让对方在我们身上看到改变的诚意，这样就可以很好地拉近彼此之间的距离，于是冷场也就随之化解了。

4. 学会反问。与人沟通，不仅要帮助对方走出尴尬，自我的尴尬也同样需要化解。除了解围，不如尝试使用反问的方法。这样只问不答的说话方式，很容易让对方领会到我们要表达的真实意思。这既能让对方不小看我们，还能让自己保持尊严与智慧。

不懂聆听别人，你怎么了解

语言最能暴露一个人，只要你说话，我就能了解你。

——本·琼森

聆听，是与人沟通的一项重要条件，因为它能让我们听到对方的声音，触摸对方的心声。一个懂得聆听的人，更善于从对方的语气、语调、肢体语言中了解对方的想法，以及对方潜在的内心需求，进而全面掌握对方的信息。这不但能使自已与沟通者之间无障碍交流，还能轻松赢得对方的心。相反，如果我们不懂得聆听别人，自然就没有办法走近对方内心，也更不可能取得任何沟通的效果。

说到销售名人，几乎人人都知道乔·吉拉德的名字。但是，就是这样一个无所不能的销售高手，也曾经因为不懂得聆听而错失机会。

有一天，乔·吉拉德接待了一位想要买车的顾客。顾客一见到乔·吉拉德就不无自豪地说："我要给我儿子买一辆车，因为我儿子要做医生了。"

乔·吉拉德看看其他销售员，大家似乎对这种顾客早已经习以为常，于是他也敷衍地说着："哦，那太好了。"

"我儿子是不是很聪明？其实，我告诉你，在他还是婴儿的时候，我就已经看出他聪明。"顾客依旧沉浸在自豪当中。

"哦，这么说，他成绩应该很好。"乔·吉拉德一边说，一边开始看门外有没有其他人进来。

“当然，他一直是班上学习成绩最好的，从小学到高中都是如此。”顾客声音里掩饰不住兴奋。

“那他准备考什么大学呢？”乔·吉拉德漫不经心地问。

“我不是告诉过你了吗？他现在密歇根大学学医，以后要做医生的。”顾客的热情明显有些衰退了。

“真不错。”乔·吉拉德言不由衷地说。

顾客似乎意识到自己的话对方并不爱听，于是看了看乔·吉拉德，说：“好的，我该走了。”于是，那人直接走了，没有说一句有关车的事。

第二天，乔·吉拉德打电话给那位顾客，问他考虑得怎么样，准备买一台什么样的车子。那位顾客告诉他：“我已经在别人那里把车子买好了。”

乔·吉拉德一时没有明白，问顾客：“请问你为什么选择了别人的而不是我的呢？”

那顾客对乔·吉拉德说：“当我提起我儿子时，我心中充满了自豪与骄傲，而那个人非常认真地聆听了我的讲述，听得那么认真，让我认为，他更理解我想要买什么样的车子。”

上天给了我们一张嘴巴用来说话，却给了我们两只耳朵用来聆听。这句话提醒我们，在与人沟通时，要时刻注意聆听，不要总是没完没了地说个不停。因为只有用心聆听，用心去解读对方所讲的话，我们才可能听出他潜在的意思，才能获得对方的感动与信任。如此，我们的沟通才可事半功倍，我们的交流才能更顺畅自如。

身在职场，我们或许从事推销工作，或许时刻要面临着与顾客的谈判、合作。如若我们不懂得聆听对方，那就会大大降低自己在对方心中的信任，更得不到对方的认同。因而，聆听是具有独特魅力的沟通方式，它能让我们在聆听的过程中明白如何与他人交流，又如何建立沟通的桥梁。

哪怕我们不是销售员，不用面对顾客，仅仅是懂得聆听上司的讲话，也一样让我们在工作中受益无穷。这是因为，一个可以快速领会上司意图，与上司交流、开会、汇报不受沟通不畅影响的员工，在上司眼里更敬业也更能堪当大任。

事实上，学会聆听，懂得去聆听他人，不止对我们的工作有帮助，对生活、朋友之间的交往、家人之间的情感促进，都是一样重要的。因为人与人之间需要的就是真诚与尊重，而认真聆听对方的谈话，从中感受他的内心，就能让对方从内心感受到你的修养与礼貌，更能感激我们这份聆听的心情，从而更加信赖我们。

倒是那些只爱讲话，凡事都要以自我为主的人，往往会给沟通的对方带来不好的印象，有的甚至让对方感觉心里不舒服。这样沟通的顺畅也就被打破了，效果自然堪忧。所以，学会聆听，懂得从对方的话语中聆听出对方的弱点、虚实、特点、爱好等等内容，我们才能更知道如何破解这些问题，从而轻松掌握对方的想法，去达到我们所要获得的目标。而实现了目标，我们的优秀自然就显现出来了，没有实现目标，我们就是再优秀，也无法获得他人的认同。

沟通不畅，后果严重

一张薄纸也可分正反两面，箭垛也都能两边承受羽箭。一方面事情取决于人的策划筹谋，一方面上天早把命运铸就。

——爱默生

沟通，其实就是人与人之间的交流。简单的对话人人都会，但顺畅的沟通却不是人人都精通。对于身在职场的我们，沟通就是一场竞争，它不但考验一个人的能力大小，更能体现职场生存的智慧。

沟通能力不同，得出的结果便有天壤之别。沟通顺利的，双方不但关系良好，而且合作、心情各方面都特别舒适。而沟通不畅的，不仅自我内心有挫败感，还会将对方惹得不高兴，甚至让双方矛盾升级，进而导致重大后果。

1990年1月25日7点40分，阿维安卡52航班正飞行在南新泽西海岸上空。机内油量显示，飞机只可以维持两小时飞行。不过，新泽西距离纽约肯尼迪机场只要半小时，完全可以保证飞机的正常飞行。飞行员将这一问题反馈给肯尼迪机场，并保持正常飞行，准备在肯尼迪机场降落。

到了8点钟时，肯尼迪机场突然通知52航班必须在机场上空待命，等待时机降落，因为机场出现严重的交通问题。52航班在肯尼迪上空盘旋至8点45分，依旧得不到降落的通知。飞行员向肯尼迪机场管理人员报告："我们的燃料快要用完了。"

肯尼迪机场却没有任何回应，直到9点24分之前，依然没有批准52航班降落。飞行员虽然非常紧张地关注着飞机的油量，但却没有再向机场发出任何危急的通告。此时，肯尼迪机场上空能见度变差，至管理员通知52航班降落时，飞行员却无法保证安全着陆，致使第一次试降失败。

很快，肯尼迪机场发出指示，要求52航班第二次试降。可就在这时，机组人员告诉飞行员："机内燃料即将用尽。"飞行员却对肯尼迪机场管理员说："新分配的跑道可行，正准备降落。"

此时，时间已经进入9点32分，就在飞机准备降落的时候，两个引擎失灵。过了1分钟，另外两个引擎也完全失灵。飞机内的燃料全部用光，52航班最终在长岛坠毁。

当工作人员对事故进行调查时，肯尼迪机场称："飞行员只说燃料不足，并没有说事态紧急，而根据飞机飞行的规律，每架飞机都会有备用燃料，不会在这么短时间内就全部用光。而且，如果飞行员声明情况十分危急，我们也会优先为其导航。究其结果在于，飞行员语言不当，语调也未有严重的意味，才造成这次空难。"

另外，其他飞行员都明白，飞行员之所以如此报告，这其中有一个现实问题，那就是如果52航班报告了情况紧急，事后一定要做出大量的书面汇报。加之如果飞机油量方面产生疏忽，还有可能被吊销执照。正是因为这个原因，飞行员才与机场管理之间的沟通产生了误会，最终导致73条生命遇难。

这就是沟通不畅带来的矛盾及后果，这个悲剧也进一步提醒我们：顺畅的沟通非常重要，一旦沟通双方产生障碍，我们将面临非常严重的后果。而在善于沟通者的心里，人与人之间之所以存在沟通不畅，无非是因为不明白对方在说什么、不了解对方的真实意图、不能收到对方及时、完善的反馈。于是，沟通的障碍产生，沟通双方的问题涌现。

这种事一点也不少见，古时候，人们常说“武死战，文死谏”，所谓“文死谏”其实就是臣子与天子之间沟通不畅导致的悲剧。这就如同52航班与肯尼迪机场所产生的误解一样：我不知道你的意思究竟表达了什么，也从你的声音、语调中听不出着急的意味，自然，我们之间的理解便产生了极大分歧，最终所得到的也就是严重后果了。

在善于沟通者眼中，这类事情完全没有发生的必要性，因为只要做简单的三件事，不论职场还是人际，所有沟通不畅问题都迎刃而解了。

那这三件事是什么呢？它们就是：

1. 尊重对方。以尊重为基础，是沟通的前提。对方在我们这里得到足够的尊重时，就会产生与我们进一步沟通的意愿。相反，如果我们骄傲、蔑视、言词简单、不屑一顾，那也就为对方关闭了想要加强沟通的大门。

2. 有话直说。我们想要让一个人明白自己的意愿时，最好的方法就是有话直说。只有对方知道我们想要什么，我们内心的真实感受如何，才会明白如何与你进一步交流。很多职场新人总是怕说错，怕没面子，因而不能开诚布公。如此，与他人的沟通也就产生了误解，导致双方无法顺利沟通。

3. 不要乱讲话。虽然顺畅沟通的条件是有话直说，但并不代表不该说的也乱说。这对于职场新人最有提示作用，因为乱说话，往往给人留下肤浅、没素质的感受，从而加深内心对我们新人的抵触。这时再想要顺畅沟通，就很不容易了。

想要顺畅沟通并不难，只要做到以上三点，就可以让我们与他人之间减少矛盾，降低问题出现的概率。

第三章 人生的赢家都是沟通高手

有智者这样说："人生的幸福就是人情的幸福，人生的丰富就是人缘的丰富，人生的成功就是人际沟通的成功。"所以，美国保德信人寿保险公司总裁保德·基姆用自己的人生经验，对沟通的作用进行了全面总结："良好沟通能力是构成事业基础的一个要项，它能简明、有效地交代自己的意思，又能清楚地了解别人的用意，就拥有最好的机会。"这就明确地告诉每一个想要成为人生赢家的人：想要成为人生赢家，必须成为沟通高手！

沟通高手从不吝啬当面赞美

称赞不但对人的感情，而且对人的理智也起着很大的作用。

——列夫·托尔斯泰

赞美在很多人看来就是一种讨好，认为这有损自己的形象与自尊。其实不然，赞美本身是一种非常有效而且不可思议的沟通能力。越是成功的管理人员，或者推销人员，对赞美越能驾轻就熟。因为只有恰到好处的赞美，才会拉近与对方之间的距离，也因为这赞美，我们才越发富有魅力，从而让他人愿意向我们打开心扉，与我们接近，同我们交流。

在美国一家电话营销公司里，所有营销人员都有规定的任务量。

克鲁兹与威廉同时入职，两个人的业绩却相差甚远。威廉几乎每个月都完不成任务，而克鲁兹总是超额完成。威廉百思不得其解，便向克鲁兹讨教电话营销的秘诀。

克鲁兹并没什么保留，好心地说："你每次打电话给顾客的时候不要那么快直奔结果。有时候，我们与顾客之间是可以谈些其他话题的，比如赞美、夸奖。"

"你是说让我讨好顾客吗？我已经非常隐忍了，说话都不敢大声，至于赞美，还是算了吧，我可说不出那么肉麻的话。"威廉一脸不屑。

克鲁兹见威廉听不进自己的话，便说："并不是所有的赞美都如同你想的那样，不信，明天你看我怎么给顾客打电话。”

第二天，威廉一早来到克鲁兹办公桌前，拿出一个电话号码，说：“你打这个吧，这位顾客永远惜字如金，一个字都不肯多说。”

克鲁兹并没有说什么，直接拨通了那个电话，非常礼貌地说：“某某先生，你好，我是某某公司的3号咨询员，有几个小问题想要麻烦你一下，可以吗?”

对方并没有说话。克鲁兹又问：“某某先生，你能听到我说话吗?”一边看着的威廉嘴角扯起一点坏笑，一副准备看热闹的样子。

克鲁兹并没有放弃，又问：“请问某先生，你在听吗?”

这时，对方才传过两个简单的字：“在听。”

克鲁兹马上说：“是这样的，考虑到目前企业以电话营销为主的经营方式，想冒昧地问一下，您公司有使用这种营销方式吗?”

见对方依旧不说话，克鲁兹又问：“某先生你好，可以听清我说的话吗?”

“听着呢，说吧。”对方顾客很不友好地回了一话。威廉几乎要笑出声来了。

“谢谢你让我说话，某先生，我想对你说句真心话，可以吗?”

“真心话？什么真心话?”对方好奇起来。

“你给我的感觉应该是一个特别善于思考的人。”克鲁兹很自然地说。

“善于思考？为什么会有这种感觉?”顾客追问。

“这是与你通话所感受到的。不仅如此，你肯定还很无私，因为你听电话时总是边听边进行思考，将大多数说话时间都留给了我。”

“哈哈……”对方顾客突然笑出声来。

“您的笑声真爽朗，而且让人听了很舒服，所以，先生，你一定要经常笑，这不但让身边的人很开心，还会减缓你个人压力的。”克鲁兹马上说。

“你这个业务员倒会逗人开心。”顾客由衷地说。

“谢谢你夸奖，我们现在开始刚才的话题，好吗?”

“好，你问吧，我知道的会都告诉你的。”顾客非常配合地回答。

很快，克鲁兹便把要调查的问题都问完，并得到了非常满意的答案。威廉张着嘴听他们一问一答对话，满脸惊诧地僵在那里。

歌德说：“最真诚的慷慨就是赞美。”在人际交往中，更是如此，赞美能让我们拉近与他人的距离，更可以让自己的人际关系和谐运转。而听到赞美的人，心中也会充满喜悦，从而不会在内心产生逆反与排斥。

不过，想要达成有效的赞美，必须要把握一定的技巧，否则，很可能让赞美变成尴尬。那赞美对方时，应该把握什么样的技巧呢？

1. 间接赞美。对于不熟悉又或者身份相对敏感的人群，直接赞美只会让对方心生疑虑。相反，如果能通过与他相关的人或者事，然后进行间接赞美，这就能起到言在彼而意在此，不着痕迹的效果，可使听到赞美的人如沐春风，暖意洋洋。

2. 传递赞美。通常情况下，能从他人嘴里听到别人对自己的赞美，会觉得更受用，也更能对赞美者心存好感。所以，于背后赞美别人，让第三方将赞美传到被赞美人耳中，既不会显得太过恭维，又可以让对方满足。一般如果双方有矛盾的情况下，用这种传递赞美的方式，就能更好地增加好感，缓和关系。

3. 细节赞美。与其夸夸其谈地赞美一个人有多少丰功伟绩，有多少先见之明，倒不如从细节上进行着意赞美。这样可以减少对方的反感，也不会有太重的功利之嫌。因为对细节的注重观察，往往让对方觉得弥足珍贵。

作家萧伯纳说过：“每次有人吹捧我，我都头痛，因为他们捧得不够。”由此可见，世界上没有人不喜欢赞美，只是赞美一定要巧妙而有效。如果只是一味虚、空、大的奉承、溜须拍马，是个傻瓜都可以听得出来，而这赞美也就没有任何意义了。

诚实的话语最能打动人心

诚实是人生的命脉，是一切价值的根基。

——德莱

一个人不管多么优秀，只要缺少了诚实，就没有办法与人建立真正的顺畅沟通。因为诚实的话语是打动人心的钥匙，唯有用它与对方交流，才会开启对方心之大门。假使我们在日常生活中不注意这个方面，或者只喜欢夸大其词，就很可能会失去他人的信任，甚至是让合作泡汤。所以，想要达成顺利沟通，并成功获得自己想要的目标，不妨以诚实的话语来打动对方，从而获得最美丽的结果。

波理斯特是一个年轻的小伙子，家里不富裕，上完中学便开始学习汽车维修。学成之后，他顺利进入捷克某家汽修公司上班。虽然工作很累，工资不高，但他做得非常认真，从没有抱怨过什么。

有一天，他接待了一位自称某大型运输公司的汽车司机。司机买了几个汽车零件，对波理斯特说：“你能不能将账单上的钱数给我写高一些?"

很显然，司机想要做假账。波理斯特说："我怎么可以这样做呢?这是欺骗，你不怕公司来人调查?"

司机却笑了，说："我当然知道，但我会分一部分好处给你，你到时只要点头说是就可以了，这没什么难的。"

波理斯特笑了，说："你不仅让我做假事，还要让我说谎话。"

司机说："这是所有运输司机都会做的事，而所有汽修公司也会这样做，我们是大公司，如果可以合作，以后我会经常来你这里的，这样我们都有钱赚。"

"不，我不会这样做，我不会因为钱出卖诚信，也不会因为好处替你说谎。"波理斯特开始不耐烦。

"你不要这么傻，没有人会发现的，而且我一直都这样做的，一点事都没有。"那个司机再三做波理斯特的工作。

见客人纠缠不休，波理斯特开始生气起来，大声说："现在就请你离开这里，我不会与你这样的人合作!"

司机看到波理斯特生气，却笑起来，说："难道你从小到大没有说过谎?没有骗过人吗?"

波理斯特郑重地说："我除了告诉父母我的工作很轻松之外，从来没有因为骗取别人的好处而说过谎，而且以后也绝不会因为什么好处而骗人!"

那位司机看了波理斯特好一会儿，才说："真是个好青年，你就是我要寻找的人。"

波理斯特不解地看着司机，再三说："我不会同意你的行为的。"

司机却握住波理斯特的手，说："不要生气，我是运输公司老板，我要寻找一家像你这样诚实、固定的维修店，而你，就是我找到的最

合适人选!”

我们想要达成某种目的时候，总难免想要尽所有努力。这种拼尽一切的做法，往往正是滋生谎言、欺骗的开始。而它让我们远离真实，更有可能因此走上不归路。但一个诚实说话、诚信做事的人，却是他人眼中闪耀光芒的金子，不可多得，尤显珍贵。所以，诚实说话的人，最能打动人心，更会让人发现美好的存在。

我们与别人沟通时，能够口若悬河固然不错，但如果说的都是一些违心的假话，甚至为了迎合别人而曲意奉承、谎话连篇。这就容易引起对方的反感，反而要对我们说出的话进行再三思忖。当对方从一句假话中看到漏洞，那接下来，便是对我们整个人的怀疑与不信任。这时，想要沟通、合作，岂不是痴心妄想?

虽然我们有时不得不说一些赞美、夸奖的话，以让对方内心感受美好。但这些赞美与夸奖肯定是发自我们内心接受之后而产生的由衷情绪，它容不得半点虚情假意，更不能披上谎言的外衣。因为与我们沟通的个体是有理解、判断能力的人，哪句话是真的，哪一句话又是虚假的，他们都会非常明白。这种用假话堆砌的沟通不但无益于沟通本身，甚至还可能让原本能够合作的事情化为乌有。

德国有句谚语，说：“一两重的真诚，其值等于一吨重的聪明。”人的一生是充满很多变数的，但不论什么变数，唯一不变的是诚实。我们若能由始至终地保持这份美德，就可以让自己变得越来越聪明，越来越值得信赖。而这种结果只会让我们与人沟通起来更加易如反掌，更加受到他人的尊重。

良好沟通可以化敌为友

现实生活中有些人之所以会出现交际的障碍，就是因为他们不懂得忘记一个重要的原则：让他人感到自己重要。

——戴尔·卡耐基

一个人走向成功的重要因素，就是可以与不同的人进行顺畅交流，不断将陌生人从不认识变为好朋友。当然，想要达到这种能力，良好沟通必不可少。不过，我们只有能够接纳不同的人，不同的看法，不同的认知，才会达成与他人良好沟通。如果我们一味地只以自我为中心，以自我为重点，双方是没有办法达成沟通与交流的。这样，不但成不了朋友，还有可能成为永远的敌人。

大发明家贝尔在研究电信机的时候，资金不足，四处筹款。他很清楚，当时上层社会圈中，许拜特是非常富有的，如果找他筹到款，就可以解燃眉之急。但贝尔也很明白，许拜特不仅脾气古怪，而且对自己的发明也完全不感兴趣，从来不愿与他谈论这些。特别是在不知道可以赢利与否的情况下，想要说服他投资，几乎完全不可能。

贝尔认为，想要打动许拜特，沟通是前提。只有告诉许拜特那些关于电信机的事情，才能引起他的兴趣。于是，贝尔找了一个时间，特意去拜访许拜特。

开始，贝尔并没有直接说出自己的来意，而是与许拜特一起聊天。

过了一会儿，他提出为许拜特弹奏一首曲子。许拜特不置可否，手里拿着书，任由贝尔弹钢琴。

弹着弹着，贝尔突然停了下来，问许拜特："我现在把钢琴的脚板踏下去，同时对着钢琴发出一个声音，钢琴就会像我一样发出同样的声音，比如，我现在唱'DO'，钢琴也会像我一样发出'DO'的声音来，你觉得是不是非常有意思?"

许拜特听贝尔这样讲，开始变得好奇起来，问他这是怎么回事。贝尔立刻向许拜特讲解和音、复音电信机的原理。贝尔讲得很生动，许拜特听得也很认真。当贝尔讲完之后，许拜特居然自愿拿出一部分资金，资助贝尔进行发明实验。

由此可见，大发明家贝尔深谙良好沟通之道，当沟通者对自己的发明并不感兴趣时，他采用了迂回的方法，从而引起对方的好奇，让他产生与自己进一步沟通的欲望。两个原本持不同意见的人，最终达成了密切的合作。这或许不是化敌为友的典例，但却是良好沟通，达成目的的最佳说明。

在生活中，特别是职场上，我们经常会遇到这样的事，你有你的意见，我有我的看法，大家互不妥协。而我们习惯将与自己不同意见，不同看法的人视为"敌人"，从而采取回避、敌对的态度。这显然并不利于自己的职场发展。相反，如果能够像贝尔一样，用良好的沟通技巧来化敌为友，那工作起来岂不是更轻松、有趣?

有这么一句话：没有永远的朋友，也没有永远的敌人。我们生活在大千世界，个性各有不同。但我们不能因为看法、认知的不同，便将其他人划于自己的人际圈子之外。更何况，很多时候，我们还需要对方的帮助与认同。因此，当我们与一方出现不同意见的时候，不妨想方设法进行沟通，相信经过良好沟通之后，我们很快就会发现，原来那句“条条大路通罗马”是颠扑不破的真理。

当然，良好沟通有一条原则，那就是请先注意反对者的意见。只有将他人反对的声音听懂，再将其与自己的计划进行综合，然后才能想出最好的沟通方法。而且，在自己的计划中，一定要加入不同意见的存在，只有最先预料到别人的不同，才能让我们拥有与他人沟通的信心。否则，当面对困难时，我们很可能会因此不欢而散，又或者干脆易路于别处。这就会削弱沟通对我们的作用，也难以将一个不同意见的人划入我们人际圈子当中，以友相待。

另外，化敌为友的沟通方法并不困难，基本做到以下几点，我们便可以在职场如鱼得水。

1. 给“敌人”适当的关心。特别是在对方遇到伤心、难过事情的时候，一定要及时伸出关切的手，帮其缓解情绪，平复心情。但不要因此就急于打探他人的内心或者隐私，更不能贸然武断地下定语，以评判事件。

2. 坚持自己的态度，但应把握方法。当“敌人”生气、愤怒时，不要被他的情绪所左右。同时，可以采取迂回战术缓和局面，比如改变话题。但是，最好不要长篇大论，这只会将对方的情绪推向更坏。

3. 与“敌人”合作时加强谈话。不要因为自己内心不满，便一言不发，或者指桑骂槐。找个适当的时间，进行良好的对话，更有利于打开局面。当对方产生与我们沟通的想法时，问题就解决一大半了。只要我们继续加强沟通，那这个“敌人”很快就会成为我们日后的朋友。

争吵只会让关系越来越糟

通常人们是因为不会辩理才吵架的。

——切斯特顿

工作中，与同事发生摩擦在所难免。此时如果用争吵来面对问题，则很失风度。而且，争吵之后，双方的关系会变糟，如此职场中就又多了一个“敌人”。显然这是大家都不想看到的事，那要如何来处理此类问题，化解矛盾冲突呢？善于沟通的人最聪明，他们往往只要促进沟通，便可缓和气氛，进而达到将大事化成小事，将小事化成无事的目的。

丽莎是某家IT公司事业部员工。专门为公司事业部各项目进行后系统技术支持。可是，有一个项目组的工作与公司的规章制度有冲突。丽莎多次打电话给合同部进行确认，但都没有下文。这让她非常生气，直接到合同部与负责项目合同签订的弗兰克对峙，她说：“为什么签订合同时不注意这些呢，现在公司规章通不过，怎么办？”

弗兰克是个直来直去的青年，对丽莎的质问很不满，直接回应说：“怎么办是你的事情，我只负责签订合同。”

丽莎听弗兰克这样一说，不由更加生气，直接与弗兰克发生了激烈争吵。事实上，弗兰克最初来公司还是跟在丽莎身边学习的，关系非常不错，现在经过争吵，两个人竟相互不理睬。

但是，工作还要继续。为了开展正常的工作，丽莎自我进行反省，非常后悔当时那么冲动。于是，下班后，丽莎找到弗兰克，进行当面道歉。弗兰克开始看到丽莎来找自己，黑着一张脸，准备再吵一架，当他听到丽莎对自己说对不起时，竟一下也不好意思起来。最后，两个人握手言和，并一起向公司提出了解决方案，最终让项目顺利通过。

这样的事件在公司非常多见，但大多数同事对于这类事件多会采取硬碰硬或者沉默的方法对待。其实，细想想，这种问题本就是对事不对人，发生了，不要硬碰硬，它只会让双方的关系更加难堪。当然，也更不要沉默，因为沉默只会加深彼此之间的裂隙。最有效的方法是以开诚布公的态度去进一步与对方交流，沟通，那得到的结果不但更有利于缓和矛盾，也可起到修复双方关系的作用。

而且，沟通如果能做到位，这种争吵的事也完全能避免。既然大家都是为了公司的利益着想，只要讲出来，并坦诚个人心里的想法。那么在对方心理上的芥蒂就会减少，进而促进双方态度的正确。但如果一味争吵，以为用大的声音来压过别人，取得优势，显然只会激化问题，加重矛盾。

因此，当与同事、朋友、家人、陌生人持有不同意见，产生了问题时，最好的解决方法并不是争吵。与其你死我活吵到不可开交，倒不如平心静气坐下来沟通一下。有些问题，实在没有想的那么严重，特别是在沟通之后，往往会发现不过是几句话的事。而就是这样的小事，却因为争吵而升级到关系紧张，甚至上升到互为“仇敌”，实在得不偿失。

有什么方法能让发生冲突的双方达到控制自我情绪，积极化解问题，达到良好沟通呢？我们不妨从以下两个方面入手：

1. 冷静处理问题。这种方法比较适合与下属人员发生不同意见时。作为领导或者上级的我们，不妨在心理上提醒自己：我是上级，应该有宽容与大度的气魄。如此就可以减少自己在语言上的暴力行为，进而减少了下属心理上的激动与不平。让自己冷静的方法有很多，比如暂时搁置问题，或者改变其他话题、用笑话打破僵局等，这都能让我们内心情绪得到安抚，从而停止争吵。

2. 以主动化解僵局。这更适合与同事、亲人、朋友等人群产生意见不同时，特别是双方之间正僵持面对问题，甚至在内心酝酿不平情绪的时候。如果我们此时能主动出击，那化解矛盾的效果就更好一些。对方不开口，我们就先讲话，对方不回应，我们热情示好，这对于消除对方心理愤怒、阴影都有极好的缓解作用。当我们放下了自己的"自尊"，去主动与其沟通时，对方也就顺坡而下，同意和好了。这相比争吵、沉默、继续矛盾升级，关系恶化，都可称为上上之策。

当然，对于善于沟通的人来说，是不需要我们来提醒或者教授方法的。因为他心里非常清楚用什么方法，什么态度，什么样的语言来平息对方的心里不满。这是沟通强者才擅长的行为，只有经过日复一日的人际关系能力累积才可能达到。

不抱怨才会让生活变得更好

人生是不公平的，习惯去接受它吧。请记住，永远都不要抱怨！

——比尔·盖茨

在现实生活中，总有那么一些事是我们所看不惯的，无法接受的。

但那又怎么样呢？我们除了积极沟通，改变现状之外，没有其他办法。特别是那些一直生活在抱怨中的人，不管你如何喊不公平，如何想不通，问题依旧存在。所以，抱怨不会让生活有任何改变，相反，不抱怨才会让生活变得更好。因为不抱怨的人，已经从现实中找到了新出路，他们会通过良好沟通来解决自己所面对的一切问题。

在1991年之前，诺基亚公司并不只是生产移动通信产品，还生产电脑、电视、电线，甚至胶鞋等。到1992年，公司开始面临亏损。公司内部很多管理者都相互推卸责任，甚至抱怨公司领导无方，经营不利。但是，这种做法并没让诺基亚走出困境，反而让情况越来越糟。

此时，玛·奥利接任总裁一职。面对危机四伏的烂摊子，他并没有抱怨，也没有责怪任何人。他首先进行市场调查，与公司经营管理者进行全面沟通。很快，他发现公司经营模式太旧，已经适应不了社会发展。他毅然舍弃旧产业，改变原来的经营模式，推出以移动电话为中心的专业化发展新战略。

玛·奥利认为，公司想要继续发展下去，必须缩小经营范围。原来产品线太长，公司根本没能力全部把握，家用电器、电缆、造纸、轮胎等产品全面压缩到最低，有的甚至直接出售掉。当然，玛·奥利也看到到了公司的长处。当时，诺基亚的电视生产业务在整个欧洲排名第二，这无疑是有竞争力的。于是，他要求公司专注电信业务，以全力扩展这一领域。

与此同时，移动电话普及是社会发展的趋势，将它作为公司的支柱产业，更有利于公司的盈利与发展。他对公司全体人员说："必须确保移动电话在整个领域可以进入世界前三。"

虽然这些工作进行得都不容易，但玛·奥利做得非常坚定。他将寻求和确立新增长点作为培育企业文化的核心，为公司打造出全新的企业文化。最终，他成功地将公司90%的资金以及技术人员转入到对移动通讯器材以及多媒体技术的开发和研究中去。

在当时，这种做法是非常困难的，每做一个决定都意味着要去说服公司很多人。玛·奥利反复与大家沟通，并坚持改变现状。很快，他就让公司走出多元化时期资金力量不足，难以支撑旧业务开展的困境，并达到了新科技研发效果。

至1996年，诺基亚在移动通讯领域的地位全面提升，获得了生产移动通讯设备所必需的全部资源及科技力量。至1998年，诺基亚生产手机1亿部，一下变身为当时全世界最大的移动电话生产商。

如果玛·奥利最初上任时，只是对着一个烂摊子抱怨、责备，那么诺基亚恐怕早就不存在了。但他没有抱怨谁，没有责备谁，而是积极沟通，努力适应，最终让自己的公司在新社会生存中找到一个全新的运营模式。

放眼现今社会，抱怨几乎是无处不在的，有人说交通不好，有人说房价太高，有人说工作难找，有人说物价太贵……可这些事能因为我们的抱怨而停止或者改变吗？再回看职场，更多的抱怨已经排山倒海。这有益于改变我们的生活现状吗？显然，抱怨的存在并没有给我们带来任何好处。反而，倒是那些不抱怨的人，放下了心浮气躁，放下了埋怨气恼，一心为着改变现状而与人沟通，与事沟通，最终成就自己。

有位哲人曾经说过："改变别人远没有改变自己来得容易。"在现实生活中，不如意是人生十有八九的事件，与其只一味地抱怨生活，倒不如去试着改变自己。一个善于沟通、重视沟通的人，在不公平、坎坷面前，是从来不会停滞于抱怨而不前的。因为他们更明白：不管什么事情，只要可以双方之间达成良好沟通，就会增加一些了解，减少一些不满，从而朝着问题解决迈进一步。因为有这样的信念，善于沟通者才不断运用沟通能力去面对一切，去解决一切。

我们面对不如意、不公平的时候，还是少抱怨吧——它不能让我们成功解决问题。我们与其抱怨不止，不如学习沟通本领，从自己的角度开始正视一切，进而树立坚定的信念，寻找成功的方向。有人说，上帝为你关上一扇门时，就会为你打开一扇窗。而在不公、不如意面前，沟通就是那扇走向成功的窗。只要我们不再抱怨，用积极的态度去沟通，相信，不久的将来，如意之事就会成为我们的收获果实。

在金钱面前，人情永远更重要一点

喜欢社会中一小群志同道合的朋友，这是人的社会属性的基本原则。

——埃德蒙·伯克

金钱一直是人们孜孜以求的东西。为了金钱，人们付出再多也得觉得理所当然。然而，当金钱与人情放在一起的时候，我们是独重人情，还是放弃人情以取金钱呢？对于有些目光短浅的人，也许选择后者确实实惠些。但对于一个善于沟通，并重视沟通的人来说，他永远把握一个原则，那就是在金钱面前，人情永远更重要一点。因为他们很明白，没有人情，是没有良好沟通存在的，而没有良好沟通，赚取金钱的大门也就被同时关闭了。

20世纪80年代纽约街头，一位商人与他的助理正匆匆走在路上。

商人忽然抬起头，看到一名穿着破烂的推销员，手里有一大把铅笔，但来往的人那么多，却完全没人多看他一眼。商人顿时生起一种怜悯之情，什么也没有说，走到推销员跟前，将10美元塞到那人手中，扭头便走。

走了几步，他又停住了脚步，回到推销员跟前，说："对不起，我忘了拿属于自己的铅笔。"推销员取了铅笔交给商人。商人拿着笔说："不要忘记，您和我是一样的，我们都是商人。"说完，他才转身离开。

跟在商人身后的助理很不理解，说："你完全不缺少这点铅笔，不过是为了帮帮那个人而已，为什么还要回去特意拿这些笔呢?"

商人看着笔，说道："他是一名销售员，并不是乞丐，如果我只给了他钱，却没有拿笔，那就是将他视为乞丐了，会让他很受伤的。我不能这样做。"

"可惜，那位推销员是没办法还你这份人情的。"助理笑着说。"不，我们虽然是商人，但并不是所有付出都需要回报，特别是人情，这是我们必须要有的情怀。也许，不远的将来，你就会明白它的意义。"商人坚定地说。

时间过去了一年多。商人去与一家公司谈合作。他早听说过，那家公司老板并不容易沟通，为人非常固执。商人做好准备要啃"硬骨头"时，却发现那老板竟是那个曾经在街头推销铅笔的人。

那个老板看到商人便马上站起来，握着商人的手，充满感激地说："您可能早就忘记我是谁了，但我一直记着您，和您告诉我的那句话'我们都是商人'。为此，我坚定自己的信念，努力打拼。直到现在，我真的成为与您一样的商人。我要感谢您，我会永远记住您的话。"

从那之后，那个老板就变成商人最忠诚的合作伙伴。两个人的企业因为这份感激之情合作得顺风顺水。推销员始终对别人说：“他给我的不只是一份人情，更是一份让我努力的信念，这种情意是我一辈子都应该铭记的。”

在人一生当中，我们时刻都有可能遇到一位决定你命运与将来发展的人物——不管是家人、亲戚、朋友、同事、顾客，甚至是陌生人。只要我们善于沟通，注重积累与挖掘，他们都有可能成为我们人际资源中的一部分。而这种积累与挖掘的前提，就是我们要与之有沟通、交流的可能。如果我们平时只以金钱为重，以势力看人，那么将很快失去人际资源的平衡。等到那些人真的成为需要的人际资源时，我们却没有机会调用了。

一个善于沟通的人，是永远不会让自己处于这种被动的。而想要成为善于沟通的人，不管面对金钱还是利益，人情这张王牌都是不二的必胜法则。因为人情就是好人缘，好人缘就是好人脉，好人脉才会有金钱不断累积的可能。立足于职场、商界，若只以眼前的利益为考量，就会让我们失去与人沟通的渠道，而人际关系之门也将永远被自己堵死。

有些人非常清楚，人脉即是财富。而他们却很容易忽略，人脉需要良好沟通，而这沟通，往往就建立在一句话、一个微笑的人情之上。当我们平日吝于对他人施以人情时，我们就会在无形之中挖下一个通往财富的深坑。看看当今巨富的李嘉诚、比尔·盖茨，他们的成功何时能离得了朋友呢？如若他们平时不注重修筑于朋友这份人情关系，又怎么能取得今日的成功？

所以，不管是我们想要成为富人，还是成为赚钱的高手，都不要忘记经常沟通。而在沟通面前，人情永远都是要比金钱重一点的元素。不管到什么时候，它们的位置不能颠倒，它们的分量也不能等同。

成功的人不会给自己找借口

你认为自己被打倒，那你就是被打倒了；你认为自己屹立不倒，那你就屹立不倒；你想胜利，又认为自己不能，那你就不会胜利；你认为会失败，你就一定失败。

——戴伟克·杜根

想要成功，几乎有一个永远不变的经过，那就是品尝失败。但在面对失败的时候，你是为自己寻找一个合适的借口以平衡心态呢，还是不以任何借口为理由继续去努力？相信，有选第一种答案的，也有选第二种的答案的。但选择第二种答案的肯定都是走向成功，或者已经成功的人。因为只有成功的人，才不会为自己寻找任何借口，他们更注重事实，失败了就是失败了，没有什么理由让自己推卸责任，自己唯一可以做的，就是打起精神，继续努力。

戴尔·泰勒牧师在美国一家教会学校任职。教会的孩子们对于背诵《圣经》都似乎没什么动力，经常背诵好久也记不住其中一小段。为了鼓励大家，戴尔·泰勒说："大家都认真背诵我教的内容吧！如果下次我提问的时候，有人可以将《圣经》中的《马太福音》第五章至第七章全背下来，我就请他去西雅图的'太空针'高塔餐厅用餐。"

所有孩子都震惊了："太空针"高塔餐厅可是他们做梦都想去的

地方。可是，《马太福音》第五章至第七章也太长了，有几万字，而且毫不押韵，想要背下来简直比登天还难。就连最虔诚的教徒，能够背诵全篇的也非常少见。孩子们不禁叹息起来：“我是永远也背不过了，实在太长了。”

在这群孩子中，有一个11岁的男孩，什么也没说，拿起《圣经》便开始诵读《马太福音》第五章至第七章的内容。

十几天过去了，泰勒并没有多少信心，问：“大家有背过《马太福音》第五章至第七章内容的吗?”

孩子们都不说话，只有那个11岁的男孩站起来，从头到尾将这几章全部背了出来，而且没有一点错误。所有孩子听呆了，泰勒也惊讶不已。他问那个孩子：“你是怎么背下这么长的内容的呢？有什么方法吗?”

那个男孩子摇摇头，说：“没有什么好办法，唯一的办法就是我想去高塔餐厅，所以我必须要竭尽全力。”这个孩子就是比尔·盖茨——他凭着一种坚定的信念，对自己想要做的事总是竭尽全力。十几年后，他成为微软公司的老板，并几度成为世界首富。

很多时候，我们做事总是强调困难的因素，为其寻找各种借口而不愿动手。其实，我们不能成功，并不是事情有多困难，只是因为不够努力而已。真正的成功者，每每面对困难总是在寻找解决的方法，而失败者却总是寻找各种借口。最终，成功者承担责任，全力以赴，获得成功，而失败者沉醉于借口之中，永远失败。

英国心理学家霍姆斯说：“人生在世，最要紧的不是我们过去的历史怎样辉煌，也不是我们当前所处的位置多么显赫，而是我们今天活动的方向。”一个总为自己寻找借口的人，是注定与成功无缘的，因为他们看不清今天应该努力的方向。而真正的成功者，却恰恰明白了自己需要努力的方向，所以最终等待他的只有成功。

身在职场，如果我们总是为自己寻找借口，我们很快就会成为最不受欢迎的员工。因为借口让我们推卸责任，借口让我们远离职责，有哪个公司或者同事愿意与这样的人一起共事呢？相反，如果我们积极面对问题，不在困难面前退缩，不给自己的能力设限，那我们的未来就必定是成功的。

当然，这种做法对很多人是一种新的困难，但对那些善于沟通的人来说，却并不难做。因为善于沟通，他们更明白自己的负责在哪里，更了解工作与负责的联系是什么。所以，他们愿意为好的未来进行现在的付出，并在这种付出中寻找全新的成就感与幸福感。这就是沟通的一种境界：从一件事的最初，便能料想到未来的发展。

因此，沟通是打开成功之门的钥匙。它能让我们在失败面前不寻找借口，在成功面前保持平和。使我们成为真正主动付出，摒弃借口，学会担当，对自己负责的人。

聪明的人该说不时就说不

说出拒绝的理由时，别忘了为未来的索要留下某种余地。

——阿瑟·赫尔普斯

现实生活中，你是一个缺乏拒绝技巧的人吗？又或者对自己的不对行为永远不会说“不”？确实，拒绝是一门学问，不管是对他人，还是自己，都意味着残忍。但是，如果我们没有办法说出自己的真实想法，没有办法去拒绝他人以及自己生活中的诱惑，那么，未来的人生很可能会更残忍。因为一个不会说“不”的人，往往是他人生活中的一张“便利贴”，也永远是自己人生成功路上的绊脚石，它让我们没办法走得更远，更成功。

不过，对于一个聪明的善于沟通者来说，什么时候该拒绝，采取什么方法来拒绝，是非常容易把握的事。因为只有聪明的人才会知道沟通有多重要，它不但能让我们婉转地说出“不”字，还能让他人毫无怨言。

戴维亚与上司关系一直不错。因为善于沟通，她最终得到承包经营本公司旗下新技术开发分公司的机会。对一个职场新人来说，这是非常好的历练与提升机会。戴维亚也没有辜负领导的期望，不但让经济效益连年增长，而且还使企业产值大幅上升。

公司经营好了，就会引起求职者关注。很多昔日同事想借机会来戴维亚身边。一天，她上司打来了电话，说：“我想向你推荐一个新人，是我朋友的孩子，不知公司能不能给安排一下呢?”

虽然戴维亚面对很多同事的暗示总能化解问题，可对于上司亲自打来的电话，她就有些不好意思拒绝了，只好说：“先面试看一下吧!”

第二天，新人便来了公司，戴维亚亲自面试。显然，新人的专业与公司一点都不对口。戴维亚有些为难了：拒绝吧，会让上司没面子，不拒绝吧，公司就意味着多加一个不干活的人，而且，这个门一旦打开，日后还不知道有多少人会这样相求。

想到这里，戴维亚眼珠一转，有了主意。第二天，她请上司和新人一起来公司参观。一边参观，她一边对上司说：“这些年，在您的指导下，公司发展得还算不错，今年也按照您的指示，更加强了管理与用人制度，效果一直非常好。如果有其他要求，还请您继续指导。”

上司满意地点头，因为戴维亚一直强调上司的作用力，让他感觉很受用。可是，接下来戴维亚又说：“对于您推荐来的人，因为专业不对口，公司管理层认为不能通过，这主要还是怕影响今年的承包指标，如果其他部门有合适的工作，我日后会再让他来试试，您看这样处理可以吗？”

戴维亚这样一说，上司却有些不好意思，说：“我之前也没考虑到他的专业问题，看来给你惹麻烦了。那就按你说的办吧！”

如此一来，戴维亚成功拒绝了上司的推荐，而且没有伤一点和气。

其实，对于一个沟通能力够强的聪明人来说，这完全不是什么大问题，只要“开诚布公”讲出自己的为难，再反复恭维上司的“英明”，那就绝对可以为自己留下退路了。

很多时候，我们因为碍于面子，也认同相互利用的优点，所以不得不相互“照顾”双方的感受，勉强自己一再保持所谓的“面子”。可事实是，这种面子不但有损于自己的利益，还有可能因为处理不当而伤了双方的情感。如果我们只一味地不好意思，瞻前顾后、左右权衡，却始终说不出一个“不”字，结果的难堪也就可以想见了。

拒绝别人并不是罪大恶极的事，只要我们沟通能力够强，头脑够聪明，在保持对方心理接受的基础上，将自己的难处讲出来，也就足可以让“不”变得优雅而大方。说到底，拒绝是一种洞察人性，巧妙布局的学问，它与我们日常的沟通能力息息相关。相同的理由，因为说得不到位，就可能引起不一样的效果。所以，用最委婉、有效的沟通来说“不”，是聪明人最常用的手段。

喜剧大师卓别林就说：“学会说‘不’吧，那你的生活将会美好得多。”只不过，在学习说“不”的时候，请一定要斟酌我们的用语，我们的方法。毕竟，人际应酬若不能为他们着想，不能给他们留一点尊严与体谅，是会让我们双方的关系变糟。在拒绝别人的时候，不妨学会委婉地沟通，只有让对方在心理上可以接受我们的理由，那么说出的“不”才会更有力度，才会更加促进彼此之间的沟通与理解。

沟通高手会适时给出响亮的掌声

生活是一面镜子，你对它笑，它就对你笑；你对它哭，它也对你哭。

——萨克雷

生活中，为他人鼓掌是一种美德，它代表着对他人的肯定、支持、鼓励、鞭策。而收到掌声的人，也总是因此自信更强，心情更好，从而展现自己最好的一面。

掌声既是理解，也是友谊，它让我们走近对方，让对方更愿意靠向我们。在沟通中，适当给他人以响亮的掌声，也是一种良好沟通技巧。因为，敬人者，人恒敬之，我们给别人掌声，别人也会回馈我们相应的赏识或者鼓励。

吉米是个热情开朗的青年，不过，最近因为家庭私事失业了。这天，他漫无目的地走在大街上，突看到电视台的演出楼前站了好多人，一个中年男人正在对他们激动地说着什么。于是，吉米凑上去看热闹，没想到是电视台正挑选节目录制的现场观众，一个黑人小伙被刷了下来，满脸不高兴地说："有什么了不起，连临时演员都不算，至于这么较真吗？真难说话！"

小伙子这样一说，其他被刷下来的人也跟着抱怨起来："如果是迈克来选人大家肯定都能过，杰西（挑选观众的中年男人）就是挑剔，又不容易变通，真不知道他是怎样成为负责人的。"听着大家的话，杰西板着脸，指划着说："你们连一点基本的职业素养都没有吗？你自己看看，都来两次了还穿那一件衣服，还有你，是不是从来就没换过衣服？我们是现场直播节目，你们这样会影响节目收视率，懂吗？"

其中一个人辩解说："那又怎样？我……"那人话还没说完，杰西已经不耐烦，大声吼起来："如果没心思工作就别来，或者态度端正了再和我谈条件，现在谁也别和我说话，我就是这样子！"吉米在一边早听明白了是怎么回事，他觉得双方都有问题，便等杰西一说完，立刻鼓起掌来："说的对，做什么事都应该有这种敬业的态度才对！"。

杰西看了吉米一眼，脸色稍微柔和了些。吉米接着说："一个人，不论做什么，态度很重要。我父亲一直这样教导我的。所以，我为你的认真鼓掌。"杰西听完，情绪已经平复了很多，慢慢地说："我并不是挑剔，但我觉得既然群演也是工作的一部分，就要做到最好不是吗？"说着，杰西居然向吉米倒起了苦水。

听杰西说了很多，吉米才说："我有一点看法，是这样的，你需要人，他们需要工作，你不如将着装要求提前告诉他们，这样就方便多了。""可一个一个通知太浪费时间了，我真的很忙。"杰西摇摇头说。"那就将这任务交给一个专门的人管理，这样不是节省时间吗？"吉米试探着说。"对啊，这是好办法。我看你就不要做群众了，帮我负责这件事，我让电视台给你发劳务费，怎么样？”吉米怎么也没想到，自己只是管了点闲事，居然在大家都认为挑剔的人那里管出一份工作来。

其实，这就是掌声的意义，当吉米给予对方掌声的时候，就已经让杰西的心情得到了安慰，这比强拉着他讲理要好得多。同时，这种认可也让杰西产生与对方沟通的冲动，从而让事情得到化解。之所以如此，是人生真的需要掌声的肯定，更需要被感染，被认可。因为掌声能让我们感受到来自他人内心的赏识，能让我们传达自己对他人最真诚的回馈。原本无法继续下去的沟通，因为掌声的响起，从而被拉开了新的序幕。

掌声是一种尊重，它通过手与手的撞击告诉人们：我在倾听；掌声是一种素养，它通过适时响起的声音告诉人们：我从内心对你认可；掌声更是一种润滑剂，它用一声又一声的响亮传达双方之间的真诚。它不仅在沟通中如此，在人际中更是如此。人与人相处，没有绝对的付出者，也没有绝对的索取者，掌声恰恰就是最好的平衡之道：双方相互的认可与鼓励。

一个善于沟通的人，在听到对方用心讲出的道理时，用全部激情传达出的感慨时，最及时到位的回馈就应该是响亮的掌声。因为唯有这样，才能表达和传递我们感同身受的态度。它比语言更实用，比手势更简单，比一切的行为都更直接而有力！所以，善于沟通者不会忽略这简单的双掌撞击，会在必要的时候，为对方拍出响亮的掌声。

身在职场的人应该很有体会，时时讨好的声音有时并不比掌声更实用。因为语言的讨好，总让人花费心力，特别是在会议上，直接对领导讨好，无异于“众叛亲离”。但是，当领导在又长又无聊的会议中侃侃而谈的时候，我们什么都不用说，只是以“贴心”的掌声来回馈领导，那么一切便尽在不言中了。

沟通的艺术既需要语言，更需要非语言的掌声。有了它，不用送礼，不用刻意想方设法，也不用担心尴尬，甚至不用怕与陌生人的无话可说。掌声便是最好的化解人际关系之妙方，在适当的时候，给出响亮的掌声，就可以让我们人际畅通，沟通顺畅。

模仿是构建顺畅沟通的良方

时间是变化的财富。时钟模仿它，却只有变化而无财富。

——泰戈尔

模仿是人类本能之一。我们通过仔细观察他人，对其肢体语言进行模仿，是良好的促进双方交融，构建顺畅沟通的开始。

从心理学上来讲，模仿本身就是对他人的一种认可，甚至是一种崇拜。当对方在我们身上感受到其自身熟悉的动作、表情甚至声调的时候，就会自然放松警惕，进而避免冲突的发生。譬如，沟通中的双方，当一方打哈欠时，另一方进行“传染”式的模仿，就会引起对方会心的微笑；再譬如，当一个公众人物的笑容、动作被公众认可后，就会因为他人的模仿而成为品牌化、流行性的笑容、动作，让公众人物声誉大增。

汤姆是职业学校刚刚毕业的汽修技工。因为汤姆是所有工人中最年轻的一个，说话速度很快，而且经常在说话时有很多小动作，导致他与大家格格不入。他怕在老板面前显得不够成熟，见到老板时，一说话就紧张、结巴，甚至有时他正认真工作时，老板一出现，他就容易出错。

老板似乎也意识到这个问题，一再告诉汤姆："不要紧张，我并不是很严肃的人啊！"但这没什么用，汤姆依旧容易紧张，容易在老板面前出错。

一天，汤姆正在给一辆汽车进行轮胎加气。他一面加气，一面轻松地吹口哨，脚下甚至还踏出了街舞的节拍。他一回身，才发现老板就在身后。

顿时，刚刚还活力四射的汤姆全身变得僵硬起来，连关掉注气阀都忘记了。在他不知说什么才好时，注气阀警声大作。老板手疾眼快，马上伸手将充气阀关掉。见此，其他工人都笑起来。有人甚至打趣说："汤姆，你是想尝一下'气弹'的味道吗？"

"哦，不想。"汤姆耸了一下肩，尴尬地将双手摊开。老板见汤姆那样子，也学着他的样子耸一下肩，摊开双手，说："哦，那恐怕你以后要更加注意才行。"

没想到，一个简单动作的"回放"，一下将汤姆和其他工人逗笑了。汤姆第一次在老板面前说话变得流利起来："是的，我下次肯定会注意，这次教训非常深刻。"说完，他还做了个鬼脸。

老板又学着汤姆的样子做了个鬼脸，说："看来我应该相信你，谁让你这么年轻又充满活力呢。"说完，他用手在汤姆肩上拍了两下，转身离开了。

从那次之后，汤姆发现老板其实挺可爱，不但爱与工人说笑，也非常善于模仿他人的动作——连他招牌式的舞步，老板都学会了。这让汤姆在老板面前完全变得十分放松，有时甚至还与老板开个玩笑。

当其他工人问他："汤姆，你现在不怕老板了吗？"

汤姆却非常自信地笑着说："当然不怕了。老板是个很亲切可爱的人呢！你看他模仿我们的动作多到位！"

模仿本身是非常具有营造融洽氛围作用的沟通技巧，对人体肢体语言进行研究的学者认为，模仿他人，保持与他人"同步"是人与人之间的一个纽带，它可以让双方站在同一个起步点上，从而对对方产生好感，使得沟通氛围变得融洽、友好。对一个善于沟通的人来说，早已经深谙此道。

因为在模仿过程中，既有对对方的认可，更有尊重与支持。这也就是我们常说的节奏默契，当两个人一起谈话时，你唱我喝的节奏默契，往往会让双方共同感受到良好的氛围及愉悦的心情。特别是一位上司若能对下属进行适当的模仿，则可以有效改变下属与自己之间的紧张、拘谨关系，进而营造出轻松的谈话氛围，达成顺利沟通。

不过，模仿对于沟通虽然很有帮助，但作为善于沟通的人则应该注意。有些模仿是不被看好的，而有些时候也是不适宜模仿的。比如以下几点：

1. 女性衣着方面的模仿。对于女性来，再没什么比"撞衫"更可怕更无聊的事。如果我们想要与女性进行良好沟通，最好的方法不是模仿对方的衣着、品位，而是学会夸奖与认可，否则，就很可能因模仿女性衣着而结成"冤家"。

2. 下属模仿上级领导。通常情况下，上级不喜欢下属模仿自己的动作，会认为员工有些自大，甚至是不将自己放在眼里的嫌疑。因为领导自身的优越感让他们认为，自己是高不可攀，不容侵犯的，下属随便对自己的动作进行模仿，就有等级逾越的感受，内心是会非常不高兴的。想要保住自己的饭碗，达成与上级关系融洽的员工，在这方面必须要三思而行。

3. 违心的用模仿来讨好他人。虽然说模仿是人体天然而来的从众行为，但想要达成一模一样的模仿还是很难的。当我们对对方的动作、表情并不认可时，还一味违心模仿，很可能会引起对方的不满。不要认为自己“演技”很高，科学证明，处于谎言状态的人，其面部自控能力以及瞳孔收缩、面色、眼睛眨动次数等都会“出卖”你的内心。这样的“假模仿”不但不会让对方喜欢，反而给人带来被欺骗之感，于沟通是非常不利的。

第四章 懂得进退，善沟通才能左右逢源

古人云："夫乾坤覆载，以人为贵，立身处世，以礼仪为本。"一个懂得进退得宜、出入有序的人，是胸怀君子之气坦荡荡的人，是善于沟通、左右逢源的人。所谓处治世应立威，处乱世须圆通，处高处要谦恭，处低处勤用功。这不只是做人的道理，更是沟通的技巧，善于沟通的人之所以左右逢源，就是因为把握了进退之度。

少说一句又何妨，你也没输掉什么

你的舌头就像一匹快马，它奔得太快，会把力气都奔完了。

——莎士比亚

生活在这个世界上，与人交流，与人沟通，都少不了。只不过，有些时候，多说一句话却会为自己带来非常不好的后果。因此，我们与人沟通时，要善于把握力度，懂得进退，在该说的时候，保证以最正确的语言、语气、神情来表达，但在不该说的时候，哪怕是一句话，也不应该脱口而出。

如果我们心里总有多说几句就一定战胜对方的心理，那就远离善于沟通。因为，多说一句话，我们很可能不经意间为自己树立了敌人，让我们的人际关系比不沟通之前可能变得更加紧张。

可见，虽然只是一句话的事，但却是一门重要的学问。在关键时刻可以控制自己少说一句，其境遇与境界都会变得与众不同。

托尼是公司经理助理，虽然是新人，但很尽职尽责，深得经理信任。这天，经理有事，要求副经理约翰·维劳带托尼去谈一个项目。临走时，经理对两个人说："对方是非常挑剔的公司，一定要记得注意言行举止，以促成合作。"

两人很快到了对方公司。约翰·维劳与对方经理洽谈时，托尼在一边听着，随时记录要点。可是，托尼思想单纯，除了记录，还总不时插几句嘴。这让约翰非常不满，但又碍于对方经理的面子，不好直接发作，只能借故支开托尼。

托尼似乎一点也没意识到自己的问题，反而认为副经理有意支使自己，排挤自己，不尊重自己的存在。于是，他便沉着脸去默默为两位经理拿资料，或者倒咖啡，弄完之后便赶快回来，以免错过听两人洽谈的内容。

经翰与对方经理谈得很愉快。等到托尼再坐下来时，约翰对对方经理说："如果你没意见，我们今天就可以将合作合同签下来。"

对方经理还没开口，托尼却急急地说："这恐怕不行，因为昨天经理拜访汉斯（另外一家竞争公司的经理），似乎也有意要签合作的，这两家只能选择一家……"

约翰非常生气，及时打断托尼的话："请不要乱讲，现在没你的事，你先回公司吧！"

"可我必须对这件事负责，不然回去没办法向经理交代。"托尼急急地辩解。

"不需要你负责，我自己会负责的。"约翰面色特别难看。

"不行，我是经理助理。经理让我来就是要与你及时沟通这件事。你怎么可以擅自做主，将经理谈下来的汉斯一方直接抛开呢？就算你是经理，我是助理，你也不能一手遮天，一人说了算。"托尼极力阻止，而且说话快速，口吻坚定，大有一副不取胜便不肯罢休的势头。

对方经理看了看约翰，再看一眼托尼，说："那算了，合同就以后再说吧！我现在还其他事要谈，就不奉陪了。"说完，他很快离开会议室。

约翰气愤不已，回到公司，当即通知人事部，要求辞退托尼。

托尼很快收到公司的辞退信。他满腹委屈，不知道自己做错了什

么，难道自己的负责也有错吗？

其实，身在职场的我们很明白，托尼不但抢了副经理的风头，而且因为话多，当着顾客的面泄漏了本公司的机密。这都是说话不肯服输所造成的，因为他当时一心以为副经理在排挤自己，所以一心要争个高低，自然也就语出无度。若他能懂得少说一句话，保持适当沉默，事情也不至于此。

安迪渥荷曾经说过："我学会闭上嘴巴后，获得了更多的威望和影响力。"这就是说，在适当的时候，少说话，多听别人说话，并不是一种服输的表现。相反，这种适当的沉默，还会为自己增加智慧与威望。我们自古就有"慎言"之说，这就是要告诉我们：很多事情，少说一句没什么，反而是多说一句会带来意想不到的危害。

因此，一个不善于沟通的人是不会明白进退之说的。当与沟通者产生对峙时，再滔滔不绝似乎就变成为了说话而说话，这不但完全解决不了问题，更不可能给自己带来任何好处。有多少人因为一语之失而后悔莫及，又有多少人因为多说一句话而造成不可收拾的后果。所谓言多必失，就是这个道理。但少说一句却无妨，我们不仅输不了什么，还有可能因此获得意外的美好。

特别是在面对他人的误解时，面对职场中的不公平时，如果能适当地少说一句，则可以让我们更加心平气和，也更加从容安定。要知道，说话多的人多是计较的多，而宁愿少说一句也要保持风度的人，则是内心宽容、智慧的人。所以，做事不能太苛刻，说话也不能太刻薄。在必要的时候，少说一句，这是生活的艺术，更是人生的智慧。它能让我们与人更好地沟通，让我们的人际关系左右逢源。

不逞口舌之快，要面子更要“里子”

切忌浮夸铺张，与其说得过分，不如说得不全。

——列夫·托尔斯泰

生活中，我们见过太多任性、不肯受委屈、脾气又不好的人。这种人最大的问题就是很多时候并无恶意，但因为要逞口舌之快，四面为敌，人缘尽失。而一个善于沟通的人是永远不会这样做的，因为他更明白，想要做人成功，做事成功，是须外在与内心全都顾及的。

那些与人争吵时的慷慨陈词，不会为我们迎得一丝他人的好感，甚至事后自已也会后悔不迭。这就是既失面子又失“里子”的双失行为。如果用一句话形容，只能是：爱逞口舌之快，处世不够成熟！

威廉在父亲开的汽车销售公司上班。但是，入职一个月以来，他一辆汽车也没有卖出去。他非常不高兴，心想：我年轻、帅气、热情、口齿伶俐、知识专业，为什么就卖不出一辆汽车呢？难道说是我选择错了行业？

父亲老威廉看出了儿子的疑惑，对他说：“孩子，口齿伶俐虽然是一件好事，但也会有损我们的稳重，特别是像你这样的年轻人。所以，你只有好好把握这一优点，才能让它为你服务。”

听完父亲的话，威廉却很不认同，说：“推销员最重要的就是说话能力了。如果我连一句完整的话都没有办法快速说出来，那还怎么推销产品呢？顾客可不喜欢一个口齿不清，说话慢条斯理的推销员。”

老威廉摇了摇头：“可是，顾客也不喜欢一个不肯听自己表达意见，而且总处处针对自己的推销员，这一点，你有想过吗？你平时虽然说得很多，但总没有耐心听顾客表达过自己的意见。顾客只要说出一点有关汽车不好的问题，你就总是能用很多个理由来回敬顾客，这种说话没有分寸的行为，只会惹得顾客想要快点离开你。谁还会买你的汽车呢?”

威廉这才意识到自己的问题，第一次没有马上回答父亲的问题，而是想了一会儿，问：“那我要怎么做才能与顾客形成良好沟通呢?”

老威廉笑了：“很简单，多听顾客的意见，回答问题不要一吐为快，尽量抛砖引玉，让顾客多说话。”

从那之后，威廉调整了自己的心态，再也不抢着说说话了，而且也不与顾客争执任何问题。他总是微笑着听顾客挑各种毛病，然后再抛砖引玉地引导顾客去发现汽车的优点。一个月过后，他成功销售出4台汽车。老威廉问他：“现在，你对自己的推销术有什么总结吗?”

威廉笑了，说：“我以前太争强好胜，总忍不住与顾客争辩，但这往往将顾客辩到生气，自然就销售不出汽车。现在，我时刻提醒自己冷静，不针对顾客的挑毛病，也不会有什么话都要全盘托出，而是思考之后，再讲最有利于自己又能让他人接受的话。”

推销如此，为人也是如此。一个善于沟通的人是时刻会反省自己说话问题的。他们从来不逞一时的口舌之快，因为这种看似占上风的行为，并无实际意义，它只会给自己的人生带来反面作用。生活中，不论做什么事情，没有人喜欢一个不经大脑长篇大论的人，因为这样做只会给他人留下口无遮拦、不切实际的印象。

佛家说：“天下最毒的东西，是咒骂他人的话，在恶毒的话仍未说出口时，毒素已经把说话人的心灵荼毒。”对于爱逞口舌之快的人来说，这就是一记警钟。我们平时爱说话没错，但当语言到了不吐不快时，就难免改变话语的性质，甚至为了击退对方而加重语言的攻击力度。这时，我们不但损失了自己的风度与修养，更损失了听我们说话者的尊重和友好。

沟通是建立在尊重他人，营造良好交流氛围基础之上的。如果我们不想失去家人、朋友、同事以及顾客的尊重，在说话之前还需要再三思忖。有人说，话在出口之前思三秒，这其实就是告诉我们，请对自己所说的话进行过滤，不要因为顺口、开玩笑、真诚等原因，便一股脑将心里想说的话都“倒”出来。因为这些话没有人会喜欢，哪怕是家人与朋友，也会因为我们说话过头而心生不快。

试看天下大智者，都有不爱与人争论的个性，而那些聪明的人，又从不计较话语的输赢。好口才确实有助于沟通，但若口才过于流利，致使话语太多，那就只能称之为话语机器——它完全达不到沟通目的，更不会让我们与他人之间行成良好互动。所以，适当闭口是一种智慧，一鸣惊人者从来不是每天滔滔不绝的人。

大事守得住底线，小事装得了糊涂

对于管理的所有职能来说，平衡原则是普遍适用的。

——哈罗德·孔茨

“聪明难，糊涂难，由聪明转入糊涂更难。”这是清朝名人郑板桥的名言。他告诉我们，一个聪明的人可以聪明，也能装得了糊涂。

所谓“难得糊涂”便是对人生最智慧的态度。事实上，这种可以聪明又能装糊涂的智慧，对善于沟通的人并不是难事。因为善于沟通者最懂进退，他们永远知道，应该在什么时候聪明，又要在哪些事上糊涂。

克鲁特兹在公司已经工作了6年，不但业绩突出，而且人缘也很好。在公司里，所有人都知道他好说话。人家有什么所求，他都能尽可能满足。但是，不知为什么，克鲁特兹有这样的业绩和人品，却一直得不到晋升机会。

克鲁特兹非常郁闷。在当年的述职报告中，他特别将自己期望的职务调动说了出来，而且重点说到付出与获取之间的比例如果不协调就会让人才外流。这明显是在提醒上司，如果自己得不到重用，那就只能寻找其他出路。

上司不想让这么好的人才走掉，但他知道克鲁特兹好说话，于是趁着下班时间，特意约了克鲁特兹吃饭。克鲁特兹心里明白，这是上司要就自己的问题进行最后探底，能不能成，全看自己底线是不是守得牢。于是，他轻装上阵，在与上司推杯换盏之间谈笑风生。

果然，酒过三巡，上司便开始“诉苦”：“你不知道，我去年就想让你做销售总监。可是，你知道，我也要听命于人，总裁的儿子要安置，你说我能怎么办？我压力大呀！”克鲁特兹明白，这是去年升职未果的原因——销售总监被总裁的儿子占据了。他点着头，一脸苦笑地对上司说：“你也真不容易，我得多谢你想着我了。”

上司见此，又开始第二轮“诉心”，一会儿主动要求给克鲁特兹加薪，一会儿又谈新福利，甚至连办公室的装修都说到了，唯独不提今年升职的事。克鲁特兹只是保持着笑容听着，最后说：“再次感谢你！不过，我看没这个必要了。”

此话一出，上司顿时一惊，很快又装赞美的样子说：“看看，我就说你是个不拘小节的人，从不为难上司，也不争什么。”

克鲁特兹一边喝酒，一边装作口齿不清地说：“什么升职、加薪，这都是小事，因为谁也不知道明天会怎么样呢。我可不敢保证明天我能有机会与你一起共事，干杯。”说着，他将酒一饮而尽，趴在桌边装起醉来。

上司连忙说：“哦，克鲁特兹，你酒量真不行，这么快就说醉话了。”

后来，上司将克鲁特兹送回家，没有再说任何关于职务的事。但是，在年底人员安排的时候，克鲁特兹成功被提升为销售总监。

一个人，对自己想要什么，想达到什么样的目的必须始终保持清醒，这就是所谓的底线。在沟通过程中，只有拥有了底线的人，才会想方设法去维护，而这就包括放小取大，即：小事装糊涂，大事有底线。就如同克鲁特兹，他要的就是升职，福利、加薪、装修办公室，那都是上司欲转移视线的条件，他必须有清醒的判断。他虽然不好直接将升职说出来，但却能借“醉话”表达出来。这就是郑板桥所说的“难得糊涂”。

不过，装糊涂也要讲究方式方法，特别是对底线的把持，万不可因“糊涂”而突破了底线。那人生哪些事是需要聪明对待，哪些事又要装作糊涂的呢？很简单，大事要聪明，一定要守得住底线，丝毫不能放松，而小事则要装糊涂，不能太过较真。这种行为，对于善于沟通的人是经常运用的方法之一。因为善于沟通的人最明白，自己应该以怎么样的糊涂小事，来达成大事。在沟通过程中，善沟通的人总是取大放小，有底线，有退让，最终成全自己的目标。

而这种沟通的技巧与做人是相同的道理，如果我们说话不受人喜欢，办事不让人认可，那做人也就失败了。人的一生需要面对的事千千万万，但这若干多的事情，又被分成了大大小小。假使我们每日都事无巨细，是一定会累死的，可如果能适当抓大放小，则可让生活游刃有余。与人沟通更是如此，如果我们在与人沟通时，总是时刻计较着对方说话时的一个用词、一点表情，而不惜为此改变全场的谈话，那么沟通的结果就只能是以失败告终了。而此时，无论我们事实上多么优秀，都会因为沟通失败而丧失一个成功机会。

调动了听众的好奇心，你就成功一半了

好奇心是智慧富有活力的最持久、最可靠的特征之一。

——塞缪尔·约翰逊

有一句俗话：好奇害死猫。这充分说明一个道理，好奇心是让人类、动物以及一切生命产生欲望的意念。它不但可以促使我们去认识不知道的事物，也为我们增添生活的乐趣。而在沟通面前，好奇心同样具有这样的魅力。当我们成功调动与之沟通者的好奇心，便可以快速缩短与对方的距离感，并增加相互交流的机会。而且，一个充满好奇心的人，其求知欲与聆听欲是非常充足的，这就给我们创造了更好的沟通机会。

著名思想家普列汉诺夫去日内瓦做演讲时，演讲内容是《无产阶

级与农民》这一话题。但是，以当时人们的情绪，他们完全没有心情听下去。而且，在听演讲的队伍中，不乏反对之人，他们根本就不希望普列汉诺夫演讲成功。

演讲台下混乱成一片，人们自顾自地说着话，甚至将普列汉诺夫的话都给淹没了。面对这样的场面，普列汉诺夫实在没有办法继续讲下去。他在离开还是坚持两个选择中纠结了一会儿后，镇静下来了。他必须要选择坚持，让人们都能听到关于无产阶级与农民团结起来的重要意义。

可是，如何让人们安静下来，听自己继续演讲呢？普列汉诺夫灵机一动，停止了说话，将两手交叉于胸前，定睛看着台下。观众瞬时有些茫然，不知道他为什么不说话，甚至以为他被现场气得忘记自己要说什么。就在观众纷纷好奇接下来他会怎么办时，普列汉诺夫忽然大声说："如果我们也想用这种武器同你们斗争的话，我们来的时候就会……"这句话并没有说完，普列汉诺夫就闭上嘴，环视在场的所有人。

大家好奇心更强了。他们猜不出普列汉诺夫是什么意思，更不知道他究竟想怎么对待在场的人。于是，人群变得更加安静，有的人甚至在心中猜想会不会是炸弹或者棍棒？是想用武力征服我们吗？

看到大家都不出声，普列汉诺夫才慢慢地说："我们来的时候，就应该带着冷若冰霜的美女。"

此话一出，大家马上都会意地笑了，连同混在演讲队伍中的反对者也忍不住笑了起来。笑过之后，大家反而对普列汉诺夫产生了兴趣，津津有味地听他演讲。

这就是好奇的力量。我们想办法引起对方的好奇心时，就可以让对方产生与我们沟通、交流、倾听的愿望。因为好奇心是人类行为最基本的动机之一，它能成功引起个人内心的注意力，并牢牢吸引自己对于不知道、不了解、不清楚的后续谈话内容的关注。

由此可见，好奇心作用强大，是沟通成功的关键影响因素之一。只要我们能充分利用对方的好奇心，成功引发其好奇心，那么沟通的目标也就成功了一半。不过，我们在沟通过程中，要如何成功引起对方的好奇心呢？以下几点可以帮我们：

1. 利用对方不知道的信息来制造迷雾。这就是利用人们对新、奇、特事物的好奇心理——因为不了解，不知道，所以会格外好奇。如果在谈话过程中，成功引用对方不知道，没听说过的信息进行开场，则能很快引起对方的好奇，进而产生与我们多交流的欲望。此时，对方的倾听意愿非常强，会更有耐心听我们说话。

2. 唤起对方的期待与幻想。这是一种非常委婉的沟通方式，说话的时候，不要直截了当地和盘托出，而是让对方从你的话语中进行猜测与自我推敲。比如，我们直接向对方说："你听我说完。"这时对方多半是不想听你说后面的话的。但如果我们对他说："请稍等一下，我要了解一下你对这件事知道多少，才能决定要不要告诉你后面的话。"无疑，这时对方就会开始期待，反而担心你不讲给他听了。

3. 采取"犹抱琵琶半遮面"的效果。也就是说，在说一件事的时候，不要一次性全部说完，而是说一半，留一半，因为对全部事件的了解不足，会让听我们讲话的对方产生浓烈的好奇，他们急于了解事情的全部。自然也就会进一步提问、交流，进而与我们产生互动式的沟通了。

托尔斯泰曾经说过："成功的教学所需要的不是强制，而是激发学生的欲望。"这与沟通是相同的道理，想要与对方产生良好互动的沟通过程，激发对方倾听、交流的欲望才是最重要的，而可以让这欲望产生的则非好奇心莫数。我们在与人沟通时，也莫不如此。

恰当的时候“自黑”，会让人更喜欢你

质朴比巧妙的言辞更能打动我的心。

——莎士比亚

现代社会，聪明者从不会乱讲话，因为不管这话是有意还是无意，都有可能触动一些人的神经，从而为自己招惹无妄之灾。但是，有些时候，我们又不得不面对突如其来的语言攻击，想要巧妙化解这种意外，与其用他人为挡箭牌，倒不如“自黑”。善于沟通的人是经常这样做的，因为他们知道，自己永远不会因为自我的嘲讽、取笑而憎恨自己，相反，这样适当的“自黑”只会获取他人衷心的接受与喜欢。

霍夫曼将军去慕尼黑进行视察。他在部队中威望极高，让很多人都有一种不敢亲近的感觉。每个士兵都与霍夫曼保持着刻意的距离。霍夫曼很不舒服，感觉自己被孤立了，是这里最不受欢迎的人。

到晚上，为了增加与大家的亲切交流，霍夫曼应邀参加了军队俱乐部的晚会。尽管霍夫曼已经将微笑挂在脸上，但效果还是不怎么好，大家依旧小心翼翼地与之寒暄。晚会进行到一半时，一名中士服务员来给大家斟酒。当时，霍夫曼坐在桌前，正低着头听人说话。服务员实在太紧张了，害怕做不好而惹恼这位将军。他颤抖地举着酒准备弯腰斟酒时，竟然一不小心将酒洒在了霍夫曼头上。

所有人都知道，霍夫曼没有头发，而且从来不喜欢别人拿自己的头发说事。这下中士服务员吓呆了，在场的人也惊得不知所措。他们似乎可以想像得到，这位严厉的将军将会大发雷霆。中士服务员完全不知该说什么，脸色苍白，汗水顺着面颊流下来。

可是，让人们没有想到的是，霍夫曼却并没有生气，而是拿起手帕，自顾自地将酒擦干，然后回过身，笑着对服务员说："小伙子，我的头发已经秃了20年，你这个用酒刺激生长的方法我早就用过了。真是谢谢你的苦心。不过，我还是要告诉你实话，这个方法真的不管用。"

大家被霍夫曼的话惊呆了，但很快反应过来，全场一片哄笑。在大家的笑声中，中士服务员平静下来，非常感激地向霍夫曼敬了个礼。

至此，大家似乎一下拉近了与霍夫曼的距离。霍夫曼终于再也不感觉被孤立了。

聪明的人是不介意在适当的时候进行"自黑"的，因为这种自我嘲讽不仅能放低自己的身段，还能打破现场的尴尬，更赢得他人衷心的喜爱。例如，美国前总统林肯就经常用这种方式，以化解自己与他人之间的尴尬，而且百试不爽。

有人说，自我嘲讽是一种幽默，更是一种智慧，它可以化解复杂的人际关系，轻松缓和并不良好的现场气氛。确实如此，一个敢于将自己的短处拿出来与他人分享的人，其内心的坦荡与真诚，是会让他人真实感受到的。这种做法恰恰可以为自己打造一种亲和力，从而由被动转变为主动。这种智慧是对人生的一种领悟，更是对自身的一种清醒认知，不但可以使我们在与人沟通中张弛有度，更能让他人由衷认可。

我们可以稍加留意生活，看看自己身边的成功者、沟通高手、人际达人，就会发现他们无不拥有自我嘲讽的勇气。这种自我嘲讽非但没有让他们减少魅力，相反，还让他们的人际关系、沟通能力、生活色彩都更加富有活力与朝气。所以，懂得自黑的人，才是真正懂得生活的人，而自黑更是一件美丽心灵的外衣，因为有它的存在，我们内心很多波动的情绪得到平衡与放松，从而让为人更加活力四射。

鲁迅说过：我们的确时时解剖别人，然而更多的时候是更无情地解剖自己。自黑其实就是一次解剖自己的过程，这需要勇气，唯有勇敢的人才能游刃有余，唯有自信的人才能坦诚运用。想要善于沟通的我们，必须时刻谨记，自黑是一剂心灵减压良药，更是松弛对方心态的保证，它能让我们化干戈为玉帛、化腐朽为神奇！

姿态放低一点，沟通才能更顺一点

世界如一面镜子：皱眉视之，它也皱眉看你；笑着对它，它也笑着看你。

——塞缪尔

在沟通过程中，我们必须要谨记一个原则，那就是切勿以居高临下的姿态来对待对方。因为这不但会伤害到对方的自尊，还会让你因为姿态高度而放弃有效沟通。善于沟通的人是永远不会让这种事发生的。因为，他们非常清楚，想要顺畅沟通，就要保持与对方相同的高度，就要允许对方将与自己理解的不同偏差表达出来。

事实证明，真正有效、顺畅的沟通都是双方放低姿态，并保持相同心态来交流的。特别是当沟通过程中，一方的身份明显高于对方时，若能适度放低姿态，就会收到意想不到的沟通效果。

美国前总统里根虽然贵为一国总统，但为了赢得国民的好感，与他们进行情感上的沟通，也不惜放下高高在上的总统身段，亲自为一个小孩做助手。

原来，当时有一个叫比利的小男孩已经病入膏肓。男孩家人都非常希望让他在临死之前完成自己的所有心愿。所以，大家拼命满足比利的每一个要求。

可是，当比利说出自己心中最真实的梦想时，大家都无计可施了。为什么呢？比利最大愿望竟是能做一回总统！这个愿望让全家人为难了，哪怕是那些想帮助他的好心人也同样无计可施。

就在大家束手无策时，里根知道了这件事情。他向比利发出邀请，请他到白宫来圆自己的梦想。比利身体虽然虚弱，但当他进入白宫坐到总统的椭圆形办公室里时，小脸上却泛起满足的笑容。里根并不是装样子让比利来白宫坐一坐，而是真的让他当总统，自己则亲自给他做助手，“帮”他处理所有公务。这样让比利真的如同总统一样，使他内心无限满足。

这种类似于游戏的工作，里根足足坚持了一整天，直到比利离开白宫。这件事情一出，里根马上成为民众眼中最有人情味、最有亲和力的总统。大家都认为，这才是他们需要的总统。这种从内心发出的喜爱让里根一度成为美国“最称职的总统”。

很多时候，人们总习惯将自己看得最重，认为自己才是高高在上的，是应该受到他人敬重的。但事实是，当我们将自己的姿态放在高处时，也就将与我们沟通的对方推到了远处。无疑，这对于顺畅的沟通是非常不利的。因为当我们高姿态时，态度总会在无形中变得不好，从而导致双方沟通关系恶化，让沟通无法继续下去。但是，如果我们能在沟通过程中相对放低姿态，则可让对方感受到充分尊重。这时，哪怕我们所说的话对方有所反对，甚至有坚决反对，也因为我们的尊重而不好意思直接表达。这无疑就大大促进了双方的沟通顺畅，使得关系融洽，并迅速建立对话机制，从而形成良好的互动与交流。

有哲人说，放低姿态是一种智慧，是一种认识自己的正确行为。确实，在我们生活的世界上，从来不缺少高高在上的人。但事实是，不管这个世界少了多么高高在上的人，地球都一样会照常转动。相反，世界上却总是很缺少低调、平和的人。如果我们平时都能放低一些自我姿态，对他人宽容一些，对自己看轻一点，就会让生活与人际都变得轻松、踏实。

善于沟通的人是深谙此道的。他们总是非常喜欢在沟通过程中将自己的姿态保持相对低调的。这种低姿态的风度，总能恰到好处地让我们看到其内心的光明磊落以及无私无畏。这种境界最能打动人，也能吸引人。从而使得我们更愿意与之进行交流，保持平和、顺畅的沟通。哪怕是天大的事，有这种气场的存在，也可以达成良好结果。

这就是为什么聪明者总是说：人要有傲骨，但不可有傲气。因为傲骨让我们做人更健康，而傲气只会让我们飘飘然不知所以，无端将自己与他人之间拉开距离。这对于一个善于沟通的人来说，是万万要不得的大忌。一个人心中充满了傲气，就会让他人引起内心的警戒，就会给人不容易相处的感觉。但是，若能时时刻刻注意适当放低自己的姿态，我们就会发现，那些原本并不容易接近的人，会变得愿意与我们共事，甚至由衷佩服我们。

沟通不是什么难事，不过是我们与他人之间的交流过程。只要能摆正自己的心态，达到对方愿意配合我们交流的效果，那么沟通也就成功一半了。而在这个沟通过程中，我们再低调一些，姿态放低一点，则能取得理想的人际关系，成功消除对方的警惕与戒备，沟通自然就会变得顺畅，我们想要的结果也会唾手可得。

放下自己的身段，你将会在沟通中赢得尊重

当我们是大为谦卑的时候，便是我们最近于伟大的时候。

——泰戈尔

善于沟通不仅要在心胸上放低姿态，更要在行为中放下自己的身段。因为良好沟通就如同叠罗汉，它需要有人放下自己的身段，以成全整场游戏。而我们若能在沟通中让自己放下身段，那么也就无形中抬高了对方，让他从内心认可我们的为人，从而更加尊重我们的“敢于”放低身段的自信行为。

斯塔莱斯从小生活优渥，对生活品质要求很高，但是，他所住的加拉卡区穷人比较多，他这种凡事要求美好的生活方式让他难以融入其他人“无品质”的生活中去，因此，上学期间一度没有朋友。大学毕业后，他离开加拉卡，发誓要与“有品质”的人待在一起。

很快，他来到一个工业发展区，这里的人都比较富裕，他们看上去也都干净、优雅。于是，斯塔莱斯去参加了一家食品公司的面试，并被留下来试用。公司让试用的几个新人去车间体会一下，回来写一

份体会、改革报告。其中一个叫汉斯的黑人青年，主动和斯塔莱斯打招呼：“嗨，我们一起干吧，我相信合作比一个人力量更大。”斯塔莱斯不以为然，和汉斯一起朝车间走去。

大家一边走一边看，都想发现点什么。但操作工头也不抬地工作着，大家根本不觉得哪里有不对。于是，汉斯又主动和操作工聊起天来。他一点也不嫌弃操作工身上的异味，甚至与操作工戴着橡胶手套的手握在一起，这让一边的斯塔莱斯皱起眉头，在心里不适，于是捂起了鼻子。不过，为了完成任务，他还是问操作工：“你觉得这种工序有需要改进的地方吗?”操作工看看斯塔莱斯，冷笑了一声：“哼，这似乎是你们这些未来的工程师的事才对。”斯塔莱斯顿时无言以对，只好默默地到一边去了。

可是，汉斯却早和那几位操作工熟络起来了，一手搭在一名操作工的肩上，一手指着转个不挺的机器说：“这个大家伙会不会罢工呢?”其中一个工人则笑着说：“被你说对了，它也偶尔发脾气，罢工是常事。”一听这话，汉斯立刻来了精神，不顾面试的新西装，直接坐在操作工有些油腻的凳子上，细细听工人说起故障来。在聊天中，汗斯不仅知道了机器的问题，连生产中不合理的地方也都弄了个一清二楚。

当汉斯听完工人们的看法和建议后，才发现所有新人早都走掉了。他急急忙忙赶回办公室。一进房间，生产部长就迎过来，说：“汉斯，恭喜你成为我们中的一员。”汉斯不解，自己的报告还没写怎么就通过了呢？这时，站在一边的斯塔莱斯也不解，直接问：“为什么只他通过了，却没有我们呢?”生产部长笑了起来，指了一下房间上方的监视器说：“你们的一行一动我都看到了，你进入车间一直捂着鼻子，皱着眉，期间只说过一句话，而其他人更是离机器远远的，都怕弄脏了自己的衣服，请问，你们谁与工人们进行过顺畅沟通了呢？唯有汉斯不同，他并没将自己看成高人一等的工程师，而是当成了工人中的一员，与机器、同事完全没隔阂。”斯塔莱斯等人无言以对。

曾经有位聪明人说过：永远不要让不如自己的人在你面前弯腰低头。这其实就是告诉我们，请在沟通中放下我们自己的身段，只有我们不摆出高架子，他人才能从心理上接受我们，而那种由内心散发的尊重才是最光辉、明亮的真实感受。

试看历史中的名人名事，那些能成就大业，可以受他人尊重的人，无不是将自己的身段放低而收获成果的。比如周文王弃车躬请姜子牙、刘备三赴隆中请诸葛亮……如果这些身居高位，有着显赫身世的人，都不能放下自己的身段，不能对比自己身份低下的人躬身弯腰，那历史的剧情恐怕如今就要是另一种景象了。

也许，有些人会想，我如果放低了自己的身段，那就等于给别人傲慢的机会。他们会因此而轻视我，慢待于我，所以，不管是寻找工作还是拓展人际关系，总是要居高自傲。但事实是，这种行为并得不到良好的效果，不但让自己人际圈变小，与他人沟通也成为障碍，想要实现与他人的良好互动也变得不容易起来。

这很容易理解，当我们以高位出现，明显高于对方，气势咄咄逼人的时候，沟通的对方是会在心里感觉到紧张、反感甚至是厌倦的。这让他们想要远离，甚至与我们唱反调。如此，不要说人们对我们有没有尊重，就连最基本的对话都难以进行。可是，如果我们放低自己的身段，保持大气、谦虚、朴实的交流方式，对方内心则会收到可靠、尊重、亲切的心理感受。所谓你敬我一尺，我还你一丈，自然我们所收获的沟通效果、尊重程度都不一样了。

善于沟通者从来不会因为身份的不对等而出现沟通不畅，他们最清楚，在与人沟通的过程中，放下身段就等同于向别人索求尊重，而且是别人发自内心一定会给的尊重。这只会更有利于沟通，让沟通更加顺畅。

所以，学会放下身段与人沟通是一门学问，它只属于智慧的聪明者，而且这绝不是懦弱的表现。因为谦恭让他人更加尊重，因为礼让使我们本身受益匪浅。放下了身段，我们就拥有了新的境界，它让我们更踏实、坚定地攀向成功。

低头认错并不丢人，丢人的是错了还不承认

永远不要因为承认错误而感到羞耻，因为承认错误也可以解释为你今天更聪敏。

——马罗

古语说：人非圣贤，孰能无过？确实，在人的一生当中，谁也不能保证自己不犯错误。既然人人都要犯错，也就是说“错误”是人生不可避免的行为之一。人生不应该害怕犯错，但却要注重面对错误的态度。特别是在与人沟通的过程中，对待错误的态度直接决定着我们沟通的成败与否。因为，当我们勇于承认自己的错误时，对方就会从中看出我们的诚意，了解我们为人的坦率，从而更愿意与我们进行交流，相反，则会弃我们而去。

吉姆伯克曾经担任强生公司首席执行官一职，可就在他任职期间，

强生公司发生了一件大事。当时公司研制的非处方止痛药“泰诺”在市场上的反应非常好，而且百姓也很认可它的疗效。可就在此药卖得最好的时候，突然发生了药物中毒致死事件。当时，有7个人因为服用这种药物而死亡。

事情一出，立刻引起轩然大波。百姓对强生公司开始持怀疑态度，当局也对事件进行了全面调查。但最后得出结论，这是一起恶性事件，有人出于破坏强生公司声誉的做法，用针头向“泰诺”药瓶中注射了氰化钾。这当然不是强生公司的错，应该追究的是破坏者才对。

但是，吉姆伯克并没有将责任全部推掉，他公然站出来向民众承认错误。通过电视台，他诚恳地说：“之所以发生这样的事，都是我们公司用的药瓶不好，很容易让人打开，并从中做了手脚。这是我们强生公司的错误，我在这里要向大家道歉。”

不仅如此，吉姆伯克还告诉所有的百姓，强生公司将马上研制新的安全药瓶，如果药瓶被人打开过，就可以轻松被人们发现，而过去旧的泰诺则不再生产，市场销售的旧泰诺也将全部撤回销毁。百姓们可以将家中的旧泰诺拿出来，直接调换全新的泰诺药物。

对于强生公司来说，这种做法是一个非常大的损失。全部泰诺药物撤回，导致强生公司直接损失接近1亿美元。吉姆伯克甚至表示，为了表达自己的歉意，这件事处理完之后，他就下台。

但事实是，强生公司处理这件事的方法让百姓非常赞同，他们不仅更看好吉姆伯克，而且也对强生公司更加信任。公司的其他产品受到百姓的一致拥护，包括强生公司的股票，也随之大幅升值。不到一年时间，强生公司所损失的1亿美元损失就被全部挽回。

由此，我们可以看出，在与他人进行沟通过程中，勇于认错是非常有利于自己的行为，它不仅不会影响自己的声誉，反而会提升自己在他人心目中的形象。吉姆伯克就用认错的态度得到了民众的支持，并成功为强生公司开拓出新局面。卡耐基认为，敢于认错的人是世界上最勇敢的人。而那些世界上的伟人，无不是在错误面前，勇敢、快速承认错误的。这种行为丝毫不能减少伟人的高大，只会让他们更受人尊重与爱戴。

只不过，总有那么一些自以为聪明的人，在错误面前宁肯死扛也不认错。他们认为认错是对自己的损失，宁愿与人捉迷藏也不想成为认错者。这种行为事实上非常有损自己的威望与凝聚力，会让身边的人逐渐远离，更会让其他人不敢靠近。而且如果明明有错，却死扛不愿承认，就会造成与沟通者之间的关系紧张，甚至到最后只能一拍两散，无法实现有效的沟通。

其实，犯一点错误不可怕，只要敢于认错，勇于改正，大多数的人都会给予谅解的。这不但能完善自我，还能让当事者以及其他人从中看到我们身上可贵的品质，进而愿意与我们相处，与我们继续沟通，从而建立良好的人际关系。我们有时因为爱面子，怕讲出自己的错误而受到对方的不理解与蔑视，因而只强调自己的优点，回避自己的缺点。这样给人的印象并不是完美的，反而会让对方感觉我们虚荣心强、不真诚，在沟通过程中就会格外留意我们，就会格外对处于虚荣或者假意示的好敏感。这显然无益于沟通顺利进行，更不可能给我们带来任何好处。

要知道，当我们犯了错误时，就如同在脸上点了一个墨点。我们虽然极力回避不照镜子，不自我发现，但他人却一眼可见这个墨点，我们越想掩饰就越会让对方更加注意观察它。所以，我们倒不如大方地承认，并真诚地将其擦拭。如此，对方在我们身上读到的除了是朴实、真诚，更有上进与勇敢。

太多的事实证明，为人低头认错并不丢人，丢人的是犯了错还不承认。所以，人的一生，不论是待人接物，还是处世为人，都应该注重自己与“认错”之间的关系。聪明者的做法，永远选择前者，大胆承认错误，放下自尊去改正，并检查自己的不足。否则，不要说无法与他人正常沟通，我们还会因为本身美德的消失而使他人不愿走近。

只有高度一致才能沟通无阻

对一个有优越才能的人来说，懂得平等待人，是最伟大、最正直的品质。

——理查德·斯蒂尔

有句话说，态度决定一切。确实，不论什么时候，我们都需要保持良好的心态。特别是与人沟通时，如果心态作祟，致使出言不逊，那就容易变为事难成，沟通无望的事实。因为沟通是必须建立在双方信任、了解、平等基础之上的。只有双方达到以上应有因素，才可能产生良好、积极的互动。一方气势凌人，一方唯唯诺诺，是算不上沟通的，只能被称为命令。

法国某著名大集团总裁沟通能力极强，深受他人尊重。据说，只要这位总裁出面，就没有谈不成的生意，更没有达不成的合作。

有一次，电视台记者对这位总裁进行了采访。

记者问：“是什么让您如此成功呢？”

那位总裁笑了笑，说："没什么特别的诀窍，不过是与人达成充分沟通而已。"

记者想了想，说："这么讲的话，就是成功的诀窍在沟通之中？"

总裁点点头，说："可以这么说，只要沟通顺利，我相信一切都有可能。"

"那么，与人顺利沟通的诀窍是什么呢？"记者穷追猛打。

"平等是唯一的诀窍。"总裁简短地说。

"那您能给我们讲讲你是如何运用平等这一诀窍的吗？"记者继续说。

总裁沉思了一会儿，说："我给你讲个故事。上学时，我与导师一起去一家餐厅吃饭。用餐快要结束的时候，导师突然对服务员说：'请帮我将烹制牛排的厨师叫来可以吗？'服务员看了看导师跟前的盘子，里面的牛排只吃了一半，另一半则留在那里。他以为导师吃得并不愉快，再三说不好意思。但是，当厨师来到餐厅并一脸紧张地看着导师时，导师却站了起来，说：'真不好意思。牛排做得非常好吃。但是，我今年70岁了，我的胃口已经不允许我再吃大量的食物。所以，我要告诉你，不是你牛排做得不好，而是我的问题，我必须要剩下一半。'厨师听完，眼里闪着感激的泪光，非常诚恳地说：'如果您下次还来用餐，请让人告诉我一下，我会烹制适合您餐量的牛排'。"

说到这里，那位总裁直一直身体，对记者继续说："我后来问过导师为什么要特意向一位厨师说明原因。导师告诉我，如果我不说明原因，厨师就会产生挫败感，认为自己的烹饪水平不好，甚至还会认为我是挑剔的顾客，从而在心里埋怨我。而我告诉他真相，就是因为我们做人必须要时刻为他人着想，不论什么事都要推己及人。这就是我在导师身上学来的诀窍。没想到，我将它用在沟通中非常好用。"

是的，时刻为他人着想，由己及人就是最好的沟通方法，而这种由己及人最好的表现就在于同对方保持同等高度上。如果我们口口声声说自己与对方高度相同，为他人着想，却在语言、气势、态度、行为等方面表现出冒犯或者居高临下的姿态，就会给对方带来不开心，就会让对方感觉不受尊重，这自然无益于沟通的顺畅。

一个人可以设身处地为他人着想，将理解与认同至上，必将会受到他人由衷尊重的。如果我们在沟通中给对方同一高度，对方就会因此产生信任、感激、尊敬以及积极的回馈。这是沟通良好的桥梁，它能让我们与沟通者达成共识，建立彼此互信的平台。

这种将对方与自己放于同一高度的沟通方式，其实就是一种换位思考。这可以让我们快速达成与对方的良性沟通，得到对方的认同价值。而如果我们总在内心看不起对方，总自视比别人高一头。那么，我们在心态上就会产生不平等对待，从而突现自我优势，贬低他人的存在感，这样的沟通是没有办法顺利进行的。

英国有句谚语说："要想知道别人的鞋子合不合脚，穿上别人的鞋子走1英里。"这就是设身处地理解他人感受的行为：从对方的立场出发，达成自己的目的。所以，善于沟通的人，总是会多替他人的处境考虑，将心比心，站在对方的立场来看待问题。相同的高度是清楚、明了对方感受的开始，我们唯有保持这一高度的平衡，沟通起来才会更顺畅，更有效。

不好直接表达的，那就在语言上“转弯”

交谈时的含蓄与得体，比口若悬河更可贵。

——培根

很多时候，在沟通过程中，我们都会遇到难以说出口或者难以回答的问题。对于这种时刻，直接闭口不言或者直话直说都不是高明的应对方法。因为我们不回答问题会让对方尴尬，而我们若直接回答又会让自己不好意思。

不过，对于善于沟通的人却并不是难事。因为，遇到不好直接表达的问题，善于沟通者可以通过“转弯”的说话方式表达出来。这种说话“转弯”的好处就在于既能表现我们谈话者的智慧，又难让对方感觉到满意。语言“转弯”如同一种迂回战术，它能让我们一点一点接近沟通目标，又可以将沟通推向一种很高的境界。

看看那些有名气的人，无不是这样委婉表现自己的高手。

素有“世界球王”之称的贝利，不仅球技了得，而且说话艺术也堪称经典。

接受过无数采访，回答过无数刁钻问题的贝利，对与记者以及观众的沟通，已经研究透彻，非常娴熟。

有一次，贝利打破了自己进球一千个的纪录。这本是值得高兴的事。但是，记者却给他出了道难题：“贝利先生，你认为自己所有的进球中，哪一个踢得最好？”

显然，这是一种没有办法比较的问题，不管怎么回答都显然不够理想。贝利却很轻松，笑着对大家说：“下一个才是最好的。”

全场哄然大笑，认为贝利的话不仅有思想而且含义深远，极具吸引力和感染力。

与贝利相比，中国作家协会副主席陆文夫在沟通方面也毫不逊色。

他在美国纽约参加第48届国际笔会时，有记者问他：“陆先生，您对性怎么看？”

这明显是让人难堪的问题。在性这个问题上，中国人一直讳莫如深。如果回答不好，或者显出不好意思，他就很可能引起他人嘲笑。

陆文夫并没有多想，直接回答说：“西方朋友在接受礼物时，往往会当着送礼人的面打开看，而我们中国人恰恰相反，一般都要等到客人离开之后才打开礼物的盒子。”

陆文夫生动的借喻赢得了大家的掌声，同时还巧妙化解了棘手的问题，更将中西文化的不同婉转表达出来，不可谓不精彩。

应该说，说话“转弯”既是一门艺术，更是一种策略。我们必须要掌握这门学问，从而让自己在人际交往中无往不利。

有人说，做人一定要正直、坦率，有话就要直说，不能转弯抹角。或许这种说法并没有错，但我们是否想过，一个人因为说话过于直接，是不是容易产生唐突或者致使他人产生内心抵触的后果呢？有时我们有话直说虽然很轻松，但听的人却因此而增加心理压力。这对于沟通的顺畅是没有丝毫益处的，倒是委婉的“转弯”，沟通双方才会更加平和、友好。

当然，这并不是说“转弯”式的委婉说话技巧才是沟通的最高境界，但作为一种口才技巧，我们应该将其视为沟通中的点睛之笔。在适当的时候，适当的人面前，适当地运用它，就可以减少对他人的伤害、损伤，更能轻松化解尴尬的谈话氛围。

毕竟，在与人沟通时，如果我们因为过于坦率而过早地暴露自己的意图，显然就没有办法达成最终目标。毕竟，每个处于沟通中的人都有其要守的底线，我们说很多话，无非就是将这个底线达成。直来直往的效果只会让我们失去底线的坚守，自然就不利于沟通。

当然，这种委婉的说话方式不只是对领导、同事，哪怕是家人、朋友也一样适用。因为越是良好的关系，越要注重呵护。能用言外之意、弦外之音来表达自己意见或者反对的就坚决不要用有话直说来直接冲击对方的情绪。同样是一个意思，说得太过直接往往将对方逼入绝境，从而失去缓和的机会。

卡耐基在《人性的弱点》中说过：每个人都有与他人意见不相符的时候，每个人都有强烈的自尊心与面子观念。我们如果过于直接，可能就会让对方感觉颜面尽失，自尊全无。而如果能委婉、曲折地间接表达，那效果也就不同了。可见，直接与“转弯”在沟通中就犹如石头和羽毛。我们与其抱着石头直接去撞击对方，远不如用羽毛挠一下对方的痒，让他自然而然地笑出来，如此一来，沟通才会变得进退自如。

绝不在该讲爱的地方讲道理

语言作为工具，对于我们之重要，正如骏马对骑士的重要，最好的骏马适合于最好的骑士，最好的语言适合于最好的思想。

——但丁

很多时候，人们总将沟通视为口头上的行为。其实不然，人与人之间交流、联系，甚至是产生影响，都是沟通的一种方式。因此，沟通中除了“晓之以理”，还应该学会“动之以情”。特别是当沟通中产生了扭曲信息以及其他干扰时，直接通过情感来传达自己的思想，纠正沟通中的误解也就非常必要了。

这也就是说，沟通绝不能仅仅停留在与对方的谈话上，而是要将它融入个人意识，进行深刻影响他人的行为。这是沟通能力的提升，更是对沟通微妙的理解。

威廉·比尔是美国一位非常著名的记者。他从小是个孤儿，在10岁的时候便以卖报为生。他曾经告诉别人：“有时候，讲道理不如直接讲爱，不管这份爱来自于亲情、友情、爱情甚至是同情，它比道理更能影响人。”

原来，在10岁那年，比尔遭遇过一次被人欺负的事。当时，他在电车站卖报，一个胖胖的高大男人从他身边经过，顺手拿走了他两份报纸，不但一分钱没给，还戏弄他，说：“有本事就来我这里抢啊!”

说完，那个人便上了电车。

看着人高马大的胖男人，瘦小无依的比尔只能独自流泪。可是，他内心是愤怒的，小声地咒骂那个人：“真没人性！”

就在这时，一位手拿玫瑰花的女人站在他身边。她抚摸了一下他的头，温和地说：“孩子，不要难过，这件事的经过我都看到了。你等一下。”

说完，女人便对自己的车夫说：“去把钱要回来。”车夫点点头，马上朝电车开走的方向追去。

比尔几乎不敢相信自己的眼睛，因为这拿玫瑰花的女人正是美国人都知道的大明星梅·欧文。就在比尔发呆的时候，那位车夫回来了，对着比尔伸出手，手心里竟是一枚硬币。他说：“我追上那个胖家伙，对他左右开弓，打得他两眼冒金星。他乖乖付了报纸的钱。”说着，车夫将硬币放到了比尔手里。

“孩子，你一定要记住，虽然有时候我们会遇到坏人，但这不代表所有的人，因为还有像你、我、他这样的好人，对不对?”梅·欧文抚着比尔的头，亲切地说。

比尔长大后，回忆起这件事，说：“其实，我知道，那位车夫不可能追上电车，但是他们的行为却对我弱小的心灵给予了安慰。因为这样的爱，我才有勇气面对现实，并始终做个正直的好人。”

这就是沟通的魅力。梅·欧文与车夫演了一出双簧，用最恰当的、充满爱的方式，将最正确的人生观传达给比尔，并让他能够坚信：世界上还是好人多，我们应该学会为他人考虑。这种沟通方式不仅是一种爱的付出，更是一种智慧的表达。如果梅·欧文只是拿出一枚硬币给比尔，告诉他依旧要多替别人着想，要正直做人，无疑很难达到效果。倒是这种以行为来进行沟通的方式，用爱传达的方式，却给了比尔最好的教育。

毕竟，人是感性的动物，我们会被真诚所打动，也会用心去为他人着想。所以，在与他人进行沟通时，遇到不能用道理来讲清楚的事情，不能用道理来沟通的现实，不妨拿出爱来沟通。爱的力量不仅仅是打动别人，更能让沟通中的我们进退自如。

在职场，还有这样一句话：你是怎样对待员工的，员工就是怎样对待顾客的。这其实就是一种爱的表达与沟通。在很多服务型企业，这种爱的沟通被反复验证着。其道理非常显而易见，一名企业管理人员，如果不能为手下员工设身处地着想，员工必定会心存怨言。此时，再正确的道理，再励志的语言，都难以走进员工的心中去。用爱去沟通，用爱去理解，员工却会自动甘于遵守企业的若干规定，并始终保持向上的良好心态。

我们要让自己变得优秀，让自己的优秀为人所认同，就要明白，很多时候，在沟通过程中，与其运用长篇大论讲道理，不如以情感人。因为，这种情可以是博爱、无私，也可是同情、怜悯，情感的表达就是让爱心传递，从而达到与对方的情感交流。这种沟通方式更容易深入对方的内心，更能收益道理所不能取得的效果。有了这种沟通，我们还担心别人不认同吗？我们还担心自己无法施展才华吗？

在该用爱来解决问题的地方，绝对不会讲道理，该用情感诉诸需求的时候，绝对不用理论。这是做人的一种境界，也是善于沟通者始终展现自己优秀的秘诀所在。

手势，是“无声胜有声”的沟通

无声语言所显示的意义要比有声语言多得多。

——艾德华·霍尔

在沟通过程中，手势被视为最重要、最常用的一种肢体语言。我们稍加留意就会发现，不论是政治家，还是演说家，或者是演员，甚至普通民众，都习惯运用有意识的手势来加强话语表达效果。

善于沟通者都非常重视手势的作用，都会在沟通中发挥手势“无声胜有声”的作用。

美国是个移民国家，不同地区的风俗、文化各有不同。位于夏威夷的火奴鲁鲁是一个世界上少有的多种族混居区。在这里，有 1/4 以上的人都是混血，包括美国大陆人、波利尼西亚人、中国人、朝鲜人、西班牙人、菲律宾人、日本人等。这里虽然人员复杂，却是整个夏威夷的经济、政治、商业中心，地位非常重要。

亨利·比奇的钢材贸易公司就正准备与火奴鲁鲁的一家钢铁公司进行合作，如果这次谈判得以达成，他们将会成为这片土地上唯一入驻的钢铁公司，这其中的利润空间可以想像将会是多么诱人了。不过，亨利对这个城市的人文并没什么了解，而且总怕说错话，这让他与对方公司的第一次沟通，非常不顺利，合作也没任何进展。

不过，亨利的女友对火奴鲁鲁非常了解，她在电话中听完亨利的诉苦之后，便告诉亨利："如果想要赢得火鲁鲁人的接受，只要会做一个手势就可以了，完全不必担心其他的问题。毕竟，人家接受你的人，才会与你展开进一步的沟通啊。"亨利连忙问："这到底是什么手势，为什么会这么神奇？居然会让当地人接受我？"他的女友笑着说："这个手势很简单，就是伸出一只手，将除大拇指、小指之外的3根手指弯曲，然后轻轻转动手部。"

亨利一头雾水，他实在不明白这是什么意思，女友却说："这一手势就叫作'沙卡手势'，表达的是问候，比如'你好'、'再见'，也表达祝福'祝你好运'、'祝你一天快乐'等。除了这两种意思之外，它还有一个重要的意思，那就是'退一步海阔天空'，这也就是相互包容的意思。当地的火奴鲁鲁人非常认可这个手势，而且也总是会运用这个手势来与他人交流。你不觉得这个手势对你们的谈判来说非常适用吗？"

听完女友的话，亨利恍然大悟，他在详细了解过使用原则以及正确运用方法后，在第二次与火奴鲁鲁公司的代表交流时，真的适时运用了这个手势。没有想到，他刚一打出这个手势，就让对方笑了起来，不仅如此，对方完全没有了之前霸道的样子，反而非常友好。当谈判结束时，亨利已经与对方公司达成了初步的合作意向。

某著名的语言学专家曾说过："过去，人们都说'眼睛比嘴巴更会说话'，其实，眼睛根本赶不上手，所以应该说'手比嘴巴更为会说话'才对。"这就足以表明，手势之优势已经远远超越了其他语言方式，它因为到位、包容、风度的多重表达，从而成为最受人们欢迎，也最能与人达成沟通的技巧之一。

不过，我们每一个想要通过手势达成沟通的人必须要注意，虽然手势是一种沟通"利器"，但如果运用错误，则很可能产生尴尬甚至是误解。以下几个关于手势运用的问题就是大家最应该牢记的。

1. 手势不可过多。手势的作用虽然强大，但也讲究适度。当我们不断变化手势时，可能会因为体语太多而造成他人“手舞足蹈”、“不够稳重”等印象。所以，社交沟通中的手势应做到优雅、适度、含蓄，并不能占用太大空间。

2. 一定要深刻理解手势的内涵。很多手势虽然我们常用，但并不一定用的正确，比如挠头、摸嘴、揉眼睛等，常被人们理解为不解、思考、不敢相信，殊不知，对于社交中的沟通来讲，却会给人以不卫生的感受，从而回避与这样的我们握手、接触。另外，抱双臂、手插口袋、叉腰等，很多人认为会很“酷”，有助于提升形象，但不知它有拒人千里之嫌，并不利于沟通。

3. 正确对待握手。握手是每个人都用得到的手势，但应该保持它的正确运用。首先，不可用力太大，特别是对比自己纤弱的沟通者而言，这会让对方尴尬；其次，握手时间不宜太久，对于女性沟通者尤其要注重这一点。最后，握手时，如果感觉双方友好，可以抬起左手接触对方，并适当延长时间。

4. 不要追求新奇特手势。现在是互联网时代，各种手势的普及、传播很快。但为了尊重沟通者，不建议使用太多网络、异国手势，比如“OK”、“V”等手势，因为它们在不同的国家有着不同的意思，如果我们不知道对方禁忌，便随便乱用，则会引起双方的误会。

服软才能“软化”人心

推心置腹的谈话就是心灵的展示。

——温·卡维林

有个成语叫作“四两拨千斤”。它其实就是指通过以柔克刚的方式能轻松变不可能为可能。我们稍加留意，就会发现这道理在沟通中也适用——与人沟通时，我们如果以硬碰硬，就只会让沟通陷于僵局，但是，如果能适当变化策略，以服软的方式面对沟通者，就可以“软化”对方心肠，进而达成沟通的目的。

纵观古今中外，凡是聪明者，凡是善于沟通的人，都不会让双方出现以硬碰硬的“两败俱伤”结果，而是适当运用以柔克刚的方法，运用自己的智慧去处理分歧。

福特汽车公司的贸易业务非常繁忙，每天送来的各种催款单就不计其数。这些单子如果都要福特看一遍的话，几乎不可能。福特每次拿到催款单，总是大致看看多少，然后将它们放在财务经理的办公桌上，说一句：“你看着办理吧！我也不知道该先付谁的更好。”

很多时候，一些公司的催款单便被压在后面，或者要推迟好久才能结账。他们对此很不满意，但又无计可施——毕竟福特公司是大公司，如果因此与之闹僵，以后也就失去了一个大顾客。

有一家公司却在反复催款之后，想出了别出心裁的方法。他们用传真将催款单发过来，上面不仅有货物规格、价格、总金额，还在最大空白处画上了一个人头像，画中的人正在流泪，其状非常悲惨、可怜，让人一看便不由心生怜悯。

这天，福特像往常一样，随便看了一眼催款单。但是，他这次没有说“你看着办吧”，而是将那张画有流泪头像的催款单拿出来，递到财务经理跟前：“还是先给这家付款吧，以最快的方式。你看人家都流泪了，多可怜啊！”

这家在催款单上画流泪头像的公司很快收到福特公司的付款，没有花费一点力气就将欠账给要来了。

我们总是说人心都是肉长的。这表明，我们已经很清楚，人是会有恻隐之心的，对于那些在自己面前流泪、哀求、诉苦的人，总难免心软。在与人沟通时，若能用这种服软的方式获得对方的同情心，在情感上引起对方的共鸣，就会很容易解决原本难以改变的问题。

与他人沟通时，我们总习惯用大道理、快语速、长篇幅等特点来显示自己强大，来证明自己达到目的的决心。这些方法对于一个比较理性的人可能管用，但对于一个感性的人却往往不起作用。此时，以服软的方法，用情感去打动对方，软化感性者的内心，便成为效果最佳的方法。

事实上，善于与人沟通的人绝不仅仅善于说话，也同样善于运用心理战术，以心理互换的方式来取得沟通的成功。因为他们很明白，示弱时的自己，可以在一定程度上强化对方心理上的满足，甚至提升对方的优越感，进而对其心灵产生触动。这也就是对方会对眼泪、哀求等形象心软，并注重满足的原因了。

现实生活中，职场之上，这样的事非常多见。如若我们在对方咄咄逼人的沟通面前，同样回以强硬不可改变的话语，就会让沟通变为以硬碰硬的尴尬，结局不仅两败俱伤，还有可能损害过去一度良好的合作。

所以，在沟通的过程中，我们如果想要成功说服对方，就要会学会适当服软，用最和悦的态度来软化对方的坚硬防卫，而不是让自己成为碰石头的鸡蛋，更不要让双方都变成石头。因为，以服软方式“软化”对方才是让沟通立于不败之地的必胜法则。

第五章 随机应变，沟通能化“危”为“机”

著名人际关系学大师戴尔·卡耐基说过：“掌握神奇的语言应变技巧，无论是对演讲还是对于谈判来说，都具有重要的作用。”沟通既是展示口齿流利的场所，更是考验思维灵活应变的机会。智者说活话，愚者讲死话，只有会妥善运用说话功能，做到随机应变的人，才能在沟通过程中轻松将危机化险为夷。

沟通是聪明人解决分歧的唯一手段

把自己体验到的感情传达给别人，而使别人为这感情所感染，也体验到这些感情。

——托尔斯泰

有人说，有人的地方就会有分歧。确实如此，百人百心，百人百性，世界上没有完全相同的两片树叶，也不会有完全一样的两颗心。但是，不管世界上有多少分歧存在，人际都是我们不可远离的现实。想要建立良好的人际关系，其前提就是要将分歧解决掉。而聪明者最清楚，解决分歧最佳的也是唯一的手段，非沟通莫属。因为只有通过沟通获得的利益，才是最大化、最稳定、最智慧的！

B 集团正在拓展跨国贸易。他们看中了法国 W 公司。但是，双方想要进入满意的合作关系之前，必须要经过充分的谈判。因此，双方公司都进行“战前准备”，以期望在合作中达成最有利于自己公司的条件。

谈判进行得非常激烈。因为初次合作，各种项目都非常谨慎，这致使谈判更加艰难。B 公司谈判代表非常清楚 W 集团的谈判风格以及为人个性，在谈判时，对各种数据做了精准的核算。当 B 公司谈判代表将这一系列的精准数据报出来时，W 方谈判代表大为被动，一度导致谈判无法继续下去。

W 方谈判代表处事老练，非常善于沟通。在进行冷静思考之后，他非常明确地说："你们列举出的数据确实非常准确，甚至连我的助手也不能提供这样的数据。我为此深感敬佩。但是，贵集团一定要明白，我们两家合作决不仅仅是一些数据问题，想要突显我们双方的优劣，并达成合作，恐怕还需要在其他方面下些功夫才行。"

显然，W 公司打开了沟通大门，让 B 集团看到了合作希望。于是，B 集团马上在两家优劣态势中进行说服。加之确切的数据指向，它们很快让 W 公司无言以对。可是，这种尖锐的针对解决问题方法，让 W 公司很不高兴，甚至一连三天不再与 B 集团接触。

很快，B 集团发现了问题：如果不能打动对方公司，做再多调查、理论以及汇报都是不妥行为。因此，在接下来的沟通中，B 集团转而以温情方式来陈述合作美好前景，并做出一系列未来规划，以良好利益发展引导 W 谈判代表。

W 公司从 B 集团代表身上看到了对方善于沟通，坚韧不拔，还有锲而不舍的精神，因而深受感动。通过三个月商务谈判，两家公司的谈判代表不仅促成了双方公司合作，还成为相互信任、欣赏的好朋友。

谈判过程中从来不缺少分歧，各公司都有自己的利益目标，而想要达到双方的合作，沟通是不二法则。有些人总将沟通视为自我利益的获取机会，其实这并不准确，因为良好沟通是建立在双方共赢基础之上的。很多时候，相同的条件，因为表达的不一样，便会出现误解。此时，只要沟通得顺利，就完全可以达成既定目标。

当然，不只是商务谈判、职场有沟通，现实生活中也一样，只要有人的地方，分歧总是存在的，矛盾在所难免。而为了让我们人际关系良好，没有分歧，那就一定要积极进行沟通。因为，聪明者从来不吝啬沟通，随时随地，与任何人，都会通过沟通达成良好的互动、相处关系。

不过，沟通是讲究底线的，不要将它看成自我最终的目标达成。不然，分歧不会被抹平，双方的沟通也不会有进展。特别是以下两点，沟通过程中一定要谨记。

1. 保持求同存异原则。因为所有人都不相同，思想、价值观、人生观、各有其标准。如果我们一定要将其标准以自我为准，那沟通的大门就会被堵死。但若能将双方利益视为共同目标，然后允许各方之间的不同理念、态度存在，那就可以达成和平、稳定的发展关系。求同存异的沟通原则，让世界上原本不相同，心态不一样的人走到一起，并共同发展、合作。

2. 要懂得妥协。沟通虽然是拓展发展道路，但并不是无所不能。所有人都是社会化的动物，在利益面前，只有最大化，但没有完全化的可能。如果我们不懂得一定程度的妥协，很可能会让本来拥有的利益也变得不长远、不稳定。因为每个人都有最高利益与最低利益之分，平时能争取到最高利益纵然很好，也要适当让对方获取最高利益的机会。这才是成熟的沟通，最好的沟通。

被人拒绝时，你开口争取才有机会

我可以接受失败，但无法接受放弃。

——迈克尔·乔丹

每个人都有可能被他人拒绝。面对他人的拒绝，你是选择默默承受，还是绝不放弃，努力去争取机会呢？很多人认为，被拒绝后去争取机会，不仅受辱，而且根本不可能。

事实证明，被他人拒绝之后，如果我们能开口争取，就很可能重新迎得机会。因为，开口就是与对方进行沟通的开始，一个问题可以沟通了，其变数随时随地都有可能的。

新泽西标准石油公司副总裁F·W·莱弗卓艾就是一个面对拒绝毫不气馁的人。很多时候，他都会努力为自己争取机会，直到成功。

有一次，他旅行回来，在阿尔图纳下了火车，准备直接搭乘去往芝加哥的列车。可是，当他要买一张去往芝加哥的火车票时，工作人员却告诉他："真不好意思，你刚刚已经错过了7点钟的火车，下一班至少要等到下午2点钟之后才行。"

"那帮我订一张任何时间可以离开阿尔图纳站的火车票。我可以到别的地方再转。"莱弗卓艾只好退而求其次。

"那恐怕不行，至下午两点为止，似乎都没有其他火车经过，你只能继续等下去。"工作人员是个上了年纪的人，说话很不客气。

"你是说这个车站从上午七点到下午两点就完全没有其他火车经过？"莱弗卓艾几乎被打败了，没想到连一点转变的可能都没有。

"那倒不是，十二点钟有一列火车会经过，但我在这里工作17年，似乎从来没看到它停下来过，不知道为什么这样。"工作人员漫不经心地说着。

"那你为什么不打电话问一下你的上级呢？或者他因此就会在这里停下来的。"莱弗卓艾毫不退让地说。

工作人员被他的要求吓倒了，说："不行。怎么会有这种事呢，火车不停就是不停，哪有什么原因。"

莱弗卓艾不愿意就此放弃，反复说服工作人员。工作人员在莱弗卓艾面前几乎无计可施，只得拿起电话给上级打了个电话。

打完电话，工作人员几乎不敢相信，说："不知道为什么，上级居然说可以让十二点的火车在这个站停留2分钟。这真的很奇怪，不是吗?"

莱弗卓艾听完，高兴地笑了。

可是，当十二点的火车在阿尔图纳站停下来时，列车员却不准备让莱弗卓艾上车。他说："这里可从来没有乘客上过车，你不能上来。"

莱弗卓艾不想错过这个机会，说："我肯定不是唯一一个在等车的人，但我是唯一一个让火车在这里停下来的人，我必须要搭乘它离开。"

经过几番交谈，列车员同意了莱弗卓艾的要求。

当莱弗卓艾坐上火车之后，列车员对他笑了，说："你知道吗?我在这列火车上工作了二十多年，你是唯一一个在这里上车的乘客。我准备要给你安排这趟车上最好的食宿。"

被拒绝并不是世界末日，每个人都会遇到。但每个遭到拒绝的人，因为不同的面对方式，其结果也大不同。一些人因为没有勇气，因为个性内向，害怕腼腆，被拒绝之后，便默默承受后果，最终自然也就没有办法得到改变结果的机会。而一些人开口去为自己争取的机会，最终还可能收获一个惊喜。

张海迪说过："即使跌倒一百次，也要一百次地站起来。"这是她面对挫折时的感悟，但对于沟通来说，也有同样的作用。因为人生就是一次又一次的挫折成就的成功，我们不能因为害怕说话，害怕张口而让人生停留于挫折当中不再向前。善于沟通的人，重视沟通的人，从来都善于找到开口的机会，为自己争取最后一线希望。

也许，我们并不是每一次开口争取都会成功，但如果我们一次也不开口，那就一次成功的机会也没有。沟通不是万能的，不是每次都屡试不爽的。但每一次沟通都能为我们赢取机会，增加我们走向成功的可能性。试看一下身边的人，那些在生活中、职场上可以得到自己想要的东西的人，势必都是勇于开口，勇于争取的人。

拒绝并不可怕，可怕的是在拒绝面前，我们因为开不了口而压抑、犹豫、放弃的一次又一次机会。当这样的机会累积多了，就会给我们心理印下拒绝即等于失败的印迹，这样我们的人生将永远走不出被拒绝的魔咒。善于沟通的人却不会给自己留下这样的遗憾，他们总是将每一次拒绝都看作用开口来争取的机会，所以，开口沟通成为善于沟通者慢慢走向成功、胜利的人生开始。

遭遇困境时，你要说服可能帮你的人

语言就是一架展延机，永远拉长感情。

——福楼拜

沟通，既是语言的交流，也是心理的碰撞。一个善于沟通的人，是永远都会在失望、困难面前找到可以改变的机会的。因为，面对问题时，善于沟通的人不会将问题本身看作困难，而是将那些与困难相关的人视为攻克对象。他们相信，只要自己能够打动这些人，那么问题与事件就会随之跟着改变。

珍妮·弗罗曼是哥伦比亚布罗道的一名歌星。她从小就喜欢唱歌，下决心抓住每一个学习机会提升唱歌水平。于是，为了实现自己的歌唱梦想，她想方设法说服可以帮助自己的人，久而久之练就了良好的沟通能力。

大学期间，珍妮·弗罗曼听说圣路易斯歌剧院有一场非常盛大的演出，届时会有全国各地的名家前来。她认为，这是非常好的学习机会，便想要去圣路易斯歌剧院看歌剧。但当时校方的规定，学生不能旷课去听歌剧，而且，学生想要离开校园，除非得到校方领导批准才行。珍妮·弗罗曼完全找不出去听歌剧的理由，感到非常为难。

珍妮·弗罗曼认为自己完全可以直接去找系主任，将自己的情况讲明，只有领导知道歌剧对自己的重要性，才有机会出门。于是，她直接找到系主任办公室，对系主任说自己因为爱好歌唱，不能错过这次学习机会。系主任坚定地说："我不能因为你的一己之便，就改变学校的规章制度。"

眼看领导不肯帮忙，珍妮·弗罗曼灵机一动，与系主任聊起天来。在聊天过程中，她一再将自己对歌唱事业的热爱与迷恋提出来，说："我这一生就是为歌唱而生的，我相信我将来会是一名称职的歌唱家。"最终，系主任被珍妮·弗罗曼的坚持与执着打动，亲自邀请她与太太一起去圣路易斯歌剧院看演出。

说服他人，帮助自己，珍妮·弗罗曼运用得越来越娴熟。

有一次，珍妮·弗罗曼遭遇交通意外，带伤回家乡。因为出行不便，她准备买一辆汽车。但是，当时汽车生产非常慢，想买车的人成千上万，大家都只能在无望中等待。

珍妮·弗罗曼不肯这样白白浪费时间。她马上给汽车生产商总裁写了一封信。在信中，她不仅强调了汽车对自己的重要性，还讲了自己对汽车的喜爱，以及对总裁的感谢等。

没过多久，她就收到汽车总裁的回信。信中只有一个问题，那就是：你喜欢什么颜色的汽车？

于是，珍妮·弗罗曼很快就拥有了自己的汽车。

人的一生是一直与各种困难相伴的。如果我们在困难面前总表现出不确定，不理睬的态度，那么困难可能也会这样对我们，从而让我们成为绕困难而行的人，当然，同时也让我们与成功无缘。但是，若能重视沟通，积极与困难相关之人进行交流，那别人就会在我们的身上看到积极、向上、渴望成功的人生态度，愿意伸手帮助我们。

善于沟通者之所以会从与困难相关的人开始着手，解决问题，就是因为看到了事是死的，但人是活的。不论什么事，总是在人的认知框架之内进行的，所谓困难，也不过是各人因为标准不同而形成的不同意见或者认知。如果能将人的标准、认知进行改变，困难当然也就改变了。

不过，想要说服可以帮助自己的人并不是一件容易事。在必要的时候，我们还应该学会运用不同的“战术”才行。毕竟，千人千面，不同的人是必须要用不同的方法对待的。以下几个方法，值得我们学习和借鉴。

1. 博取同情。人都有向善之心，同情又是天性中不能泯灭的情感之一。当遇到比自己强大、自负甚至是霸道的人时，采用示弱，博取同情的方法最能打动对方。

2. 以心换心。这也是情感招数的一种，人的内心天生带有某种防范，特别是在对有所求的人面前，人们总怕不小心掉入某个圈套。我们应该以情打动对方，既要表示关心，也要表达理解，同时还要给出暗示，告诉对方自己是善意的，甚至可以成为朋友。这种以心换心的方法，比较适合我强他弱的时候。

3. 投其所好。古话云：知己知彼，百战不殆。想要成功说服他人，就要了解他人，其处事风格、为人特性等，再由这个基础上，给予对方所需，成全对方内心的满足，再进行说服就轻而易举了。

4. 弯腰低首。求人的态度非常重要，特别是在一些注重面子的人面前，如果我们总是昂首挺胸，一脸不屑地要求对方，势必收不到成效。所谓说服，其实就是求得他人的帮助，自然要有应有的求人态度，让对方感受到尊重与成就感。如此，再说服他帮助自己也就不费力气了。

5. 适度强硬。有时候，适当的威胁可以加强问题的解决，因为有的人就是害怕这种招数。以利害关系入手，让对方心理上产生某种恐惧，也是成功说服对方的技巧之一。

有人刁难你，你就以问代答把话题往回“踢”

言语是人类所使用的最有效果的药方。

——吉普林

每个人都难免遭遇不友好的提问。特别是在商务交际圈中，对你的刁难，很可能会让他人从中窥到利益之所在。不过，对于善于沟通的人而言，这种刁钻的问题实在是小菜一碟。因为，沟通技巧中就有一招是专门针对这种问题的，能巧妙化解这一难题。它就是以问代答，将话题“踢”回给对方。

上至国家元首，下至商业精英以及沟通达人，以问代答这种沟通技巧被多次运用，并且屡试不爽。

1972 年 5 月 27 日，美国与苏联签订了关于限制战略武器的协定。

协定签署之后，美国总统尼克松在下榻的旅馆向随行记者介绍了情况。他不但全面讲解了苏联现存的核导弹武器数量，甚至还说："以苏联目前的能力，可以每年生产导弹 250 枚。"

这时，记者开始追问："你只讲了苏联的情况，那我们国家的情况是什么样的呢？我们到底有多少潜艇导弹上配置了分导式多弹头？又有多少地方被配置了分导式多弹头武器进行防御？"

这个问题显然非常有针对性，不仅针对尼克松对苏联的武器态度，更有可能牵涉到国家机密。

面对这个尖锐问题，尼克松并没有感觉到为难，而是直接说："我还不能确切告诉你我国有多少地方被配置了分导式多弹头武器。至于潜艇上的分导式多弹头武器数目，我想我还是有苦衷的。我虽然知道它有多少数目，可我不知道这是不是应该保密的，完全没有办法来直接回答你。"

记者却不依不饶，直接说："不是保密的，请你告诉我们数目是多少。"

尼克松被记者的话逗笑了，快速反问："不保密吗？那你告诉我们数目有多少吧！"

当下记者无言以对。

以问代答，说白了就是不按常规方式来回答对方提出的问题，而是用提问的方式来代替问题的答案。这既是一种策略性的言语技巧，也是以攻代守的智慧防范。善于沟通的人最清楚，什么问题可以回答，什么问题不能回答。但不能回答并不是直接闭口，那于沟通显然不利。

而回答又有违初衷，于是采取锋芒暗藏的方法，以问代答。如此，也就轻松赢得了沟通的主动权。

在沟通过程中，我们都很清楚，双方最忌讳直接说“不知道”“不清楚”等答案，因为这样会给对方以不诚实，不专业甚至没诚意的心理感受。这样一来，很可能导致沟通的对方对我们产生回避。与此同时，善于沟通的人更加明白，沟通既是维护自身利益的过程，也要充分做到对他人的礼貌与尊重。面对他人的刁难，巧妙运用以问代答，将问题回“踢”给对方的方法既是保护自身的方法，又可以起到含蓄、礼貌、委婉、谦虚的效果，成功塑造交际、沟通中我们的从容以及游刃有余。

不仅如此，以问代答的沟通技巧对于人们的面子问题是给予了充分照顾的，这非常符合对方心理层面的礼貌原则，而且在重复问题，进行反问的过程中，还会让对方从中感受到，我们所说的某一个词，某一种表情中，可能就有值得研究或者是探讨的重点。于是，新的沟通便于这一认知中继续展开，完全避免了无话可说的尴尬。

其实，重复别人的问题，在很大程度上是强调问题的过程，它能很好地满足说话人被尊重的心理感受。虽然我们并没有在重复中给出任何答案，但提问者却会从中进行猜测以及联想。这是一种强调问题，但将答案引回到提问者自身的做法。一来一往之间，既礼貌应对，又各得所需，不愧被称之为沟通高技巧了。

因此，在沟通过程中，面对具有刁难性，攻击性的问题时，我们不妨采取这种以问代答方式来回应。因为，它既可能承接沟通对方的刁难问题，也同时表现对问题的赞同与欣赏。同时，还可以彰显我们借题发挥、制造意外的效果。沟通时若能将其用得恰到好处，便可有效避免正面为难，进而间接主动出击了。

争论的问题太尖锐，你不妨建议双方都稍作退步

真正勇敢的人，应当能够智慧地忍受最难堪的荣辱，不以身外的荣辱介怀，用息事宁人的态度避免无谓的横祸。

——莎士比亚

世界是从来不缺乏分歧的，只不过有时分歧大一些，有时则相对小一点。面对小分歧，解决起来也就相对容易，但对于大分歧呢？很多人面对看似不可调和的大分歧，完全无法驾驭，或者束手无策，或者听之任之。

事实上，对待大分歧，听之任之的态度只能让自己任人宰割，损失不可控制。优秀的人，聪明的人，善于沟通的人，决不会这样做，他们会在大分歧面前，积极与对方沟通，以求最大限度维护自身利益。因为沟通本就是将不可能变成可能的过程。只要会讲话，只要注重沟通，面对两方的不可调和，做出相应退步，那就可以让原本面临崩溃的局面转危为安。

瑞恩是名上进青年。大学毕业之后，他选择自我创业。根据自己的专业，他组建了一家规模并不大的软件公司。公司虽然不大，但瑞恩与几个青年人用心开发软件，从质量上严格把关，很多合作过的顾客都非常满意。

不过，因为公司规模太小，其营销能力显得不足。要想获取订单，

瑞恩会通过一些咨询公司、培训公司等渠道获取。久而久之，那些公司便成为瑞恩首先要沟通的顾客。瑞恩很明白，渠道公司就是从他与其他公司合作中获利的，如果沟通的时候过于小气，就会将这条渠道关死。因此，他每次都尽量多给渠道公司一点好处。

有一次，一家咨询公司的工作人员找到瑞恩，说："我有一个渠道，对方是个大公司，如果这次你们合作成功，以后很可能成为永久合作伙伴。只不过，我作为渠道获利方，应该在这一次合作中拿最大利益才行。"

当瑞恩追问对方想要拿利益的几成时，对方居然说是七八成。这也就是说，瑞恩公司如果拿到这家公司的合同，这一次软件开发的业务几乎等于白做。

瑞恩当然不能同意。自从做公司开始，不能低于六成的获利空间是他的准则。他再三与对方进行沟通，要求自己可以从中取六成利益。

对方非常不耐烦地说："如果你不愿意，我就找别家。你现在只要告诉我行还是不行，其他都不要说了。"

面对这样棘手的问题，瑞恩第一次感觉到束手无策。

不过，瑞恩个性倔强。在双方完全达不成合谈意向的基础上，瑞恩决定要向远处看。毕竟，这次合作好了，那个大公司可以成为自己小公司发展的基础。

他等到咨询公司那工作人员下班之后，与之进行工作之外的交流，并非常诚恳地谈到自己创业的困难。当对方表现出同情的时候，他又适当做出调整，说："我也明白你的难处，所以肯定不会像平时一样我六你四分成，我们不妨都后退一步，大家一人一半，这样我们以后合作也会更愉快，而你个人也不会吃亏。"

在瑞恩反复沟通后，对方已经感觉到瑞恩公司不可能再做大让步，当瑞恩他提出双方各退一步时，便在心底接受了。

于是，瑞恩顺利得到那家大公司的合同。正是这一次的合作，瑞恩的小公司成功与那家大公司进行了绑定，为自身的规模扩展提供了可能。

在工作中，不可调和的问题时有发生，而在商务洽谈中，尖锐问题更时有浮现。面对这些冲突与分歧，如果一味地强硬是不能解决问题的。当然，一味地后退也不符合双方的心理利益。只有适当地双方各退一步，那么海阔天空之说便随机出现了。这就是沟通的技巧，退步可以，但不是没有底线，也不是没有余地。

沟通作为合作的基础，很重要的一点就是要学会退让。在所有成功的沟通案例中，我们都可以看到退让的成分在内。这种退步大到国家与国家，小到个人与个人，几乎无处不在。但是，退让的原则也是沟通者应该把握的问题。一味退让可能会让我们失去最高利益，甚至在后来的合作中，再次出现无利益要求。而通过再三回踩对方的底线，并将自己的底线亮给对方知晓，从而双方各退一步，无疑是最理想的沟通成果。因为沟通之前，每个人都会在心里量出底线，将自己最低可以接受的条件列出来。当进入沟通，反复试探对方的底线，让沟通的余地成功建立在双方心理底线之上，则可以达成良好合作。

所以，在沟通过程中，良好的尺度把握，灵活的方法转变，精确的心理定位，是让双方各退让一步变得更有价值的基础。同时，各退一步是符合沟通双方心理需求的方法，他会给对方一种“我已经站在底线边缘”的感受，如果我们不退一点，很可能让对方放弃这次沟通。自然，对方就会乐意退一步，给我们喘息的机会。在各退一步的同时，双方尖锐的分歧也就不存在了，而所面临的则会是全新的开始与机会。

逼迫对手就范，硬话也可以“软”着说

说话不考虑，等于射击不瞄准。

——塞万提斯

硬话，日常中我们都多少会有说过。之所以称其为硬话，其实就是语气强烈，态度坚定，而且不给对方留什么余地，或者是退路。这就相当于我们常说的“狠话”是一个道理：以强硬的态度来逼迫对方就范。

不过，这种硬话并不是沟通的最好方法，哪怕有时我们必须要用硬话逼迫对方就范，相比软着说出的硬话，也同样比直接抛出的硬话更有效果。有人说，硬话出口之前转个弯，就能让对方更容易接受。确实，这就是硬话软说的技巧，它可以让沟通的对方更容易接受，并按我们的要求去实施。

罗纳德·威尔逊·里根是美国著名政治家，更是一名著名的演讲家。他曾经担任过演员、报社专栏作家、励志讲师等，深谙讲话、沟通的重要性。有人就这样评价他：伟大的沟通者。

里根说硬话从来不是什么新鲜事。在担任第一届总统期间，他曾用非常强烈的言辞指责过苏联。

当然，这只是里根说话方法的一个侧面。既然被称为“伟大的沟通者”，自然会在语言上有独到之处。他于争取总统连任时，便将硬

话变成软话说给大家听，从而让听他辩论的人很快支持和拥护他。

1984 年，里根参加美国连任总统竞选。当时，与他势均力敌的，是沃尔特·蒙代尔。在竞选过程中，两个人进行了辩论。

蒙代尔辩论时告诉大家：“里根会提升税率，而我也会这样做，但他不会告诉大家，而我会。”此话一出，蒙代尔立刻意识到存在问题，但听众已经非常不满了。为了安抚大家，他便想利用自己的优势来彰显能力。

蒙代尔就在年龄上做文章，说自己年轻力壮，有魄力，有精力应对繁重的国家事务。而里根年纪太老，远远不适宜再担任总统重任。这是一个事实。当时，里根已经 73 岁，与蒙代尔相比，真的已经非常老。听到蒙代尔在年龄上攻击自己，里根非常生气。

不过，生气并没有让这位“伟大的沟通者”智力受阻。里根没有对蒙代尔的话进行直接反对，也没有用自己擅长的硬话给予回击，而是站在台上对大家语重心长地说：“蒙代尔说我年龄大了，而且精力也不够充沛。我想，我是不会把对手的年轻、不成熟之类问题在竞选中加以利用的。”

里根的话虽然直接回应了蒙代尔，但却并没直接采取硬话狠说，而是稍稍转个弯子，用智慧又带有老者宽容的语气给予了他重重一击。

当里根的话说完，台下听众立即回以热烈掌声。这场辩论，让里根成功连任为美国总统。年轻气盛的蒙代尔只能带着自己的强硬退出政治舞台。

说话最能显示一个人的风度、内在以及智慧。硬话固然很有力度，但它只在适当的时候才有所作用。沟通中的双方如果出现硬对硬的碰撞，其沟通后果是两败俱伤的。相反，如果在沟通中以有魅力的硬话软说方式来提醒对方，要求对方进行回应，则更有气势。这种硬话软说，就是一种不容置疑，又稳操胜券的反驳，它代表了说话者的信心与实力。

就算在日常生活中，一个善于沟通的人也不会用硬话去逼迫对方，更不会把硬话直接说出来回击对方的要求。因为人有着天然的逆反心理，而硬话在某种程度上却有着激发人类逆反的功效。我们听到这种不可一世的硬话时，内心总会不自觉地产生逆反与攻击，甚至恼羞成怒。如此，沟通不会成立，双方各不得利益。

相反，硬话软说却是一种智慧，它能给听话的人回馈结果，更能让沟通对方从中有面子、有台阶可以下。所谓对事不对人，才是沟通的最佳方式。而硬话软说，就是一种不讥讽、不嘲笑、不鄙视对方的做法，它只针对事件本身，恰到好处地给沟通对方提出的唯一可行的道路。这让对方充分保持了“颜面”，也明白了要如何进行下一步运作。

重视沟通就要从这一角度进行把握，将原本带有冷酷、强硬的态度用软化的语气化解，使得原本硬性的要求变得柔和而充满人情味。这个要求的结果虽然始终没有改变，但让人接受和执行的效果却更容易达成。硬话软着说，不仅更利于沟通，还让人生更加精彩，这就是沟通的经验之谈。

话题卡住了就换一个

当一个人无话可说时，一定说得十分拙劣。

——伏尔泰

我们总误认为，有天生会说话、善于聊天的人，也有不爱说话、总找不到可聊内容的人。但事实上，只要用心学习，多加锻炼，说话这种事根本就不构成人与人之间交流的障碍。因为沟通就是一个话题不行，再换一个话题的交流，只要我们可以随时改变话题，总有一个是适于双方进行交流的。

奥里丝汀是个内向的姑娘。她结交的朋友有限。整个大学期间，她只有一个无话不谈的好友。毕业之后，内向的她面临着难找工作的尴尬。她母亲说："你想要顺利找到工作，必须要先把自己推销出去才行，哪怕与别人闲扯几句呢！"奥里丝汀非常头疼，因为她与别人在一起时根本不知道说什么。

一天，奥里丝汀一人在家，邻居卡恩来敲门，说："不好意思，我家狗的飞盘好像被甩到你家院子里来了。我能进来找一下吗？"

奥里丝汀点头说："好的。"

很快，卡恩在院子里找起飞盘来。卡恩是个爱说话的人，一边找飞盘，就一边说个不停："这个狗可真是烦人，太好动了，而且，不管你喜不喜欢，它都会围着你跑个不停，完全就是人来疯……"

卡恩说了好半天，回头看奥里丝汀时，发现她始终只是微笑，完全没有话可说。卡恩认为可能奥里丝汀不喜欢这个话题，又改问："你在干什么呢？这么好的天气，为什么不出门玩？"

"没有。"奥里丝汀礼貌地回答了两个字，便再也没有下文。

卡恩有挫败感，于是又问："哦，你知道吗？莱克里大街发生了一起连环交通事故，那场面真的太惨了。"

"真的吗？到底是怎么回事？"这下，奥里丝汀来了精神。原来，奥里丝汀最要好的同学住在莱克里大街，她听到此消息很为朋友担心。

于是，卡恩与奥里丝汀聊起了事故原委以及涉及的民众，又从这件事聊到了交通、个人职业道德、失职等话题。直到奥里丝汀母亲从外面回来，两个人还在说个不停。

奥里丝汀母亲感激地说："天呐，卡恩，我太感谢你了，因为你，我家奥里丝汀也会聊天了。"

卡恩听完却笑了，说："这应该不困难吧？不过就是多换几个话题而已。"

卡恩的话显然是一个能说会道者的经验之谈，所有感觉与人无话可说的人，都可以从中学习到一点心得。人与人之间的交流也好，沟通也罢，只要能打开话题，那么剩下的事便全都是水到渠成的事。而打不开话题也完全不用着急，不过是信手拈来的换一个话题。人与人之间可谈的事那么多，相信总有一个是符合两个人心境与感受的。

其实，善于沟通的人非常清楚，最好的话题应该是对方关心的事情。如果我们在与对方进行交流的时候，可以通过推测与了解，找到对方内心关切，或者有好感的话题，然后抛出问题，这样就能自然地打开两个人之间无话可说的状态。当然，想要充分地把握这些方法，一定的兴趣、爱好培养非常有必要。

另外，寻找话题也有一定的规律可讲，只要我们有心，便可以从中发现它的好处。

1. 寻找共同语言。在相互了解的前提下，挖掘彼此的共同语言，哪怕是陌生人，也可以因为这一媒介很快熟络起来。

2. 巧妙引入话题。如果我们总是不断乱讲，会让对方产生厌烦，所以改变话题要有一定的技巧性。比如，可以借用当时、当地、人物以及环境、穿着等进行话题引申，更能让对方看出我们的思维敏捷及联想丰富来。这比没话找话，而且总说一些不着边际的话题更能打动对方。

3. 典型事件。同居一个城市，面对共同利益及触发感受的事，或者是民生话题，都可称之为典型事件，比如娱乐新闻中的一些事件。当我们不知说什么的时候，不妨将其引入话题，大家便可以从中说出自己的看法，又会从这一件事引领到整个娱乐圈，甚至是为人的观念、道德等话题，相信，很快现场气氛就会活跃起来。

4. 抓住特色进行追踪。这种话题的打开也很简单，比如从一个人的口音中推测是哪里人，从一个人的习惯中推测其性格、习惯等。这特别适合两个人的单独沟通，只要抓住这一特色，就完全不必再担心会出现没话可说的尴尬。往往抓住一个对方身上的特色，就能让我们了解对方，从而认识、沟通，达到最终目标。

5. 兴趣爱好不可忽略。每个人都有自己的兴趣爱好，若能在这方面打开话题，则更有利于双方沟通与交流。而且，因为兴趣爱好可以彰显一个人的性格及品质，就可以在沟通的过程中回避引对方不能接受的问题。这又给对方一定的换位思考，尊重其人的感受，再理想不过了。

不生气，遇事静下心来慢慢沟通

人需要温和，不要过度地生气，因为从愤怒中常会产生出对易怒的人的重大灾祸来。

——伊索

在现实生活中，沟通扮演着绝对不可缺失的重要角色。不管是在职场、朋友圈、家庭等任何场合，有了它的存在，人们才会相互理解，相互体谅。而一些不善于沟通的人，往往因为一点小事便怒气横生，丢失理智，甚至为此丢工作，得罪朋友，疏远家人，实在是得不偿失。这都是因为，人在处于生气中时，往往以自我判断和情绪为主导，从而忽略他人的感受，以及问题所有的细节。事实上，如果此时能静下心来，与有矛盾的对方进行慢慢沟通，问题可能远远没有你想的那么严重。

卡米尔是一位典型的法国浪漫女士，虽然与爱德华结婚已经13年，但她始终收藏着两人交往时的情书。爱德华写的情书那么甜蜜、温馨，字里行间充满情真意切。卡米尔一想到那些情书，便可以感觉爱情甜蜜的滋味。所以，她把这些情书装在一个饼干盒子中，收藏在衣柜最深处。

可是，随着结婚时间的延长，两个人之间似乎出现了问题，不但再也找不到一丝婚前的甜蜜，还经常为一些小事而争吵。爱德华也为此非常苦恼，甚至有离婚打算。

一天，他已经忘记了那天是与妻子卡米尔结婚13年纪念日。他像往常一样去上班，然后打电话回家，说："我今天要去纽约出差，工作结束后，我要在那里待几天，不想回家。"

随后，爱德华挂了电话，完全将卡米尔的感受丢在脑后。因为他不愿想两个人的事，总感觉不快乐，认为当初结婚就是个错误。卡米尔拿着电话待了好长时间，甚至忘记了提醒爱德华今天是什么日子。听着爱德华冷冷的话，她瞬间感觉绝望了。她觉得，两个人之间已经没有了爱情。

于是，卡米尔准备离家去找自己的生活。就在收拾行李的时候，她发现了衣柜中那个装情书的饼干盒。她打开盒子，拿出其中一封情书读起来，过去的甜蜜突然铺天盖地般迎来。她仿佛一下在爱的浓情中找到了过去的自己。她不敢相信自己这么多年一直生活在对爱德华的怨恨中，让两个人的爱情几乎化为泡影。

卡米尔看完那些情书，平心静气地给爱德华写了一封信。她讲了两个人的爱情、现实生活以及彼此的感受。在信中，她说："为了生气，我们辜负了爱情。我们应该为这段痛苦生活负起责任。现在，让我们重新开始沟通吧，让生气远离我们的生活，让快乐与甜蜜再次回来。"

接到信之后，爱德华也意识到自己的问题。他工作一结束便返回家中，并与卡米尔进行沟通。两个人约定：以后发生任何问题，一定不将生气作为第一感受，而是及时找对方进行沟通。

浪漫的卡米尔终于又找回了过去的爱情。爱德华也寻回了曾经的幸福。

生气是一种最不理智、最不利于沟通的情绪。我们处于生气中时，便给原本可以沟通的对方赋予了“错误”的前提条件，所以，看到对方就感觉烦，对方所说错的是错的，对的也是错的，总之对方做什么事都是错的。久而久之，两个人之间便因此而拉开距离，产生隔阂，再也没有了沟通桥梁。

一个善于沟通的人，是不会让生气左右自己情绪的。因为他们清楚，生气时说出的话，哪怕再动听也缺乏诚意，哪怕再正确也充满生冷。这样没有情感、没有诚意的话，在对方耳中就变成有刺的玫瑰，再芬芳也不会捧在手中。于是，对方会产生逆反，回避沟通，或者变得攻击力十足，让正常沟通无法进行。

所以，想要与人良好沟通，我们必须要注意对方的感受，让对方在自己的口吻中听到温和、柔软的情感元素。不管对方是朋友是爱人还是顾客，爱与尊重是永远都被肯定的。因为每个人都希望在对方那里得到尊重、赞美、认同，甚至是附和与恭维。而生气的人，不仅语气中有失情感，其眼神、脸色上也会充满否定与轻视。这是无法让对方静心与之沟通的，只会促使或者逼迫对方反击。

有人说，生命的长度是上帝所给予的，但生命的宽度却掌握在自己的手中。确实如此，我们谁也没有办法去控制生命的长度，但良好沟通却能让生命的宽度得到调整。生气时的话就算无心，也最能伤人心，而平心静气的沟通却能让问题求同存异、两相融合。因此，放平自己的情绪，将我们的口气变得委婉、平静一些，我们与他人的关系才能更加融洽，我们的生活才能更加圆满。

装糊涂回避对方提出的过分要求

装傻装得好也是要靠才情的，他必须窥伺被他所取笑人的心情，了解他们的身份，还得看准了时机；然后像窥伺眼前每一只鸟雀的野鹰一样，每个机会都不放松。这是一种和聪明人的艺术一样艰难的工作。

——莎士比亚

古语说：聪明有大小之分，糊涂有真假之分。所谓小聪明大糊涂是真糊涂假智慧，而大聪明小糊涂才是假糊涂真智慧。由此可见，虽然糊涂有真假，但它一样显示人的智慧，一样是沟通技巧中不可或缺的方法。

为什么要说装糊涂才是真智慧？恐怕只有善于沟通的人才最能领悟其中滋味。因为生存在这个世界上，我们总是能遇到形形色色的人，千奇百怪的问题。如果我们都要按正常的“聪明”之举一视同仁，大概就要让自己无路可走了。相反，在适当情况下，用装糊涂来解决问题，却可以让自己轻松，让对方了然。

作为名人，最怕的莫过于被记者朋友提问。因为记者们提出的问题一针见血，让你无从回避。但是，身为职业篮球运动员的卡梅隆·安东尼却能轻松应对这种考验智慧的场合，甚至能与记者们打太极，让记者们都不知道他说的哪句是真哪句是假。

安东尼的下赛季合同即将到期。他是留在原来的球队，还是签署新的俱乐部，一直是媒体与观众关心的问题。这种事，名人并不愿意随便与大家分享。毕竟，这其中牵涉到太多人和事。安东尼一直避而不见记者，也不谈及自己下赛季的去与留，与记者玩起了捉迷藏。

Jordan品牌要在洛克公园举办一场品牌活动。球星们都是参加必到的。记者们死死缠上了到场参加活动的安东尼。有人大声问："安东尼，我们都欢迎你来纽约，我们需要你，下赛季，你会来吗？告诉我们，你会不会来？"

问话的是安东尼的粉丝，虽然不是记者，但安东尼同样不能将自己的去留公布于众。于是，他对着问话的粉丝非常真诚地笑了，笑完之后又对那人用力挥手，然后闭嘴，当作没有听到有人问他问题的。

记者们没有听到想要的答案，当然不死心，于是直接问："安东尼，听说一个月前你已经收到一份3年的新合同，会有6500万入账，是吗？"安东尼不能总不说话。他同样笑着说："嘿，大家知道，我身上有3年的合同（旧东家）。我必须要把它执行完。"

安东尼并没提新合同的事，而是将新与旧的3年合同混为一谈。说完之后，他便谈起篮球来。

对他这样的回答，记者们已经见怪不怪。他们开始采用迂回战术，询问安东尼的最终去向。

有一位记者问："安东尼，你一直与波什、詹姆斯和韦德在一起，你们算是组合吗？你会不会与他们签同一家俱乐部呢？"

安东尼看了看队友，"狡黠"地笑着说："这个问题你恐怕要问他们了。"

说完，他马上正色说："我们今天的主题是与孩子们交流，为他们筹款，其他事以后再商量。这就是我的答案。"

媒体虽然人多，而且问题尖锐，但都被安东尼这样装糊涂的回答给混了过去。由始至终，谁也没有问出安东尼下赛季的去向。

显然，每个人都有可能被问到自己不想回答的问题，在这种“过分”面前，我们是应该选择直接拒绝，还是顾左右而言他的装糊涂呢？很明显，直接拒绝很可能让对方下不来台，让对方感觉没面子。这不是良好沟通之道，也不利于自己的人际关系。但后者的装糊涂却要好很多，既不失风度，又不为难自己，而且还能让对方看到自己睿智的沟通技巧。显然，这种装糊涂回避问题的方法，是保持与人沟通并保护自己最好的方式。

不要以为自己不是名人，就可以随便说话，否则只会给自己的处世带来麻烦。比如，生活中有人找我们借钱，直接拒绝就会伤了朋友、同事之间的感情，但若不拒绝，伤的则是我们的“口袋”。此时，若能用装糊涂的方法，来敷衍对方，不了了之，则可达到不伤人又不自伤的良好效果。

当然，想要在沟通中运用装糊涂可不是那么简单的事。聪明难，糊涂难，由聪明转入糊涂更难。在沟通中运用装糊涂技巧，我们一定要注意把握以下几个方面：

1. 顾左右而言他要有根据。我们不准备回答对方问题的时候，不能随便乱用借口，越是与当下环境、事件相关的问题，越能体现我们主次分明，甚至是迫不得已的心态。比如，有人问我们：“明天我们去唱歌吧？”我们不能说：“今天天气真热。”相反，如果我们说：“今天这件事不知能不能完成，快点努力吧。”这更加合适。对方若是聪明人，就可以听出弦外之音，从而不再提及明天的事。

2. 含糊不清适度运用。含糊不清是一种糊涂到恰到好处的境界，在沟通中比较好运用，也算是有效的挡箭牌之一。但在运用时，应该把握适度原则。比如，有人找我们帮忙办事时，如果不想帮，我们则可以这样说："这件事我一个人说了不算的。"这就代表不是我不想帮，是帮不了。但如果我们说："下次再说吧。"那就很可能为自己下次带来麻烦。含糊要有界限，不让对方看到希望。

3. 糊涂到答非所问。装糊涂过程中，答非所问是最高境界。比如，对方说："你帮我把这件事处理一下吧!"我们便可以这样说："实在抱歉，我明天有特别重要的事，必须要去办好才行。"这显然是回避当下，以明天为托词的答非所问，对方在听到"抱歉"之后，就知道不能办了，只好再想其他办法。

别将得失看得过重，顺其自然也是一种智慧

贪财，权欲和虚荣心，弄得人痛苦不堪，这是大众意识的三根台柱，无论何时何地，它们都支撑着毫不动摇的庸人世界。

——艾特玛托夫

做人，一定要谨记顺其自然。因为这是一种人生智慧，它能让我们在生命逆流中安全登陆，能让我们在冗繁的现实中保持平常心态的安静与从容。

过分追究人生的得失，或者过于注重眼前的利益，往往让人失去本真，更失去与他人坦诚来往的心意。这对于人际关系来说是一种伤害，对自己的人生也是一种损失。善于沟通者，恰恰将顺其自然视若

法宝，才能在纷繁复杂的人际中脱颖而出，才能为自己的人生赢得一次又一次机会。

凯尔是个热情的青年，喜欢说话，而且特别自己掌有话语权时，一句话也不能少说。刚刚进入公司的时候，同事见他能说会道，都很喜欢他。可没过多久，当大家发现了他这个特点，事情就发生了变化。

原来，当同事提一个建议的时候，凯尔总忍不住要给纠正一下，而且必须要让结果达到自己满意才可以。

有一次，汤姆提议大家下班后去酒吧放松一下。因为凯尔不同意汤姆要去的酒吧，极力纠正，导致聚会最终没有聚成。从那以后，工作上有什么问题，或者大家有什么决定，都一定要在凯尔不在的情况下讨论。如此一来，凯尔慢慢变成大家极力回避的人。

凯尔很想不通。母亲对他说："凯尔，你试着顺从大家的意见，看看是什么结果吧！"

他立刻说："那我岂不是成为他人的随从？我才不要做。"

"可是，想要与他人相处和谐，除了会发声，还要会顺从啊，这叫顺其自然。如果你只关注自己的感受或者利益，别人怎么会喜欢你呢？"母亲语重心长地说。

凯尔听了，若有所思。

到了公司，凯尔主动与汤姆打招呼。汤姆很自然地说："今天天气真不错。"如果是平时，凯尔肯定会说"我可不喜欢这不温不火的样子"。但今天，他决定按母亲说的去做，便说："确实是这样，你看天多蓝啊！"

没想到，汤姆听完居然怔了一下，很快便笑了，又说："凯尔，我们周末去郊游，你要一起去吗？"

"哦，这太好了，我正想出去走走呢。去哪里？"凯尔愉快地问。

"我们原本想去埃斯皮诺山矿附近转转。你有好建议吗?"汤姆客气地询问凯尔的意见。

"相信一定很有趣,我们就去埃斯皮诺吧!"凯尔说忍住自己想要去安德利的想法,顺从了汤姆的意见。

"噢,对了,记得你上周说想去安德利是吗?我觉得那应该也很不错,我们还是去那里吧。我来告诉大家。"汤姆真诚地说完,留下一个笑容便离开了。

凯尔站在那里,呆呆地说不出话来:原来这就是母亲说的"顺从"的力量。

顺从生活的需求,去积极把握生活的规律与需求脉搏,并顺势而为,任其结果自然产生,是一种为人处世的智慧。那些做事总想着付出多少、回报多少、利益是否可观、收入是否平衡的人,永远也不可能拥有这样智慧的。

与人沟通也是如此,说话时处处占上风固然感觉良好。但是,这样会不知不觉中将对方退出良好沟通的氛围。古人说:有心栽花花不开,无心插柳柳成荫。很多时候,很多事情,太刻意了就会难以达到想要的结果。而若能留下适当的机会,以对方为主导,顺其意而沟通,那结果自然也就出乎意料了。善于沟通的人,之所以能处处逢源,得到比别人多很多的机会,就是因为懂得不计个人得失,将顺其自然运用到恰如其分。

有人曾经说,不刻意的沟通有如涓涓流水,轻易便流进了对方的心里,而刻意的语言则如同紧握的沙子,越用力,流失的越多。沟通看似语言、智商的巧妙结合,但也绝对少不了真心、真实的顺其自然。只有善于将顺其自然融入沟通中的人,才可能收获顺乎本性的结果。所以,不要将眼前的利益看得太重,不要将得失挂于嘴上,少说一句,退让一步又如何呢?

君子会动口也得会动手

友善的行为、得体的举止、优雅的风度，这些都是走进他人心灵的通行证。

——塞缪尔·斯迈尔斯

在沟通过程中，人除了要说话之外，肢体语言也同样是沟通的一部分。不仅如此，肢体语言的运用有时甚至还优于语言本身，从而让沟通双方能够对彼此的意见一目了然。

也正因为如此，“君子动口不动手”的警世恒言在沟通中也发生了有趣的变化。因为生活中，一个善于沟通，善于与他人交流的谦谦“君子”，不仅要会动口，更要会动手。在适当的时候，通过肢体来表现自己的情绪、心理、态度等内在，甚至是辅助加强语气，比单纯用语言来形容更有效。而且，肢体语言还有增强感染力效果，让沟通中的我们情感更加充沛，让沟通双方的交流更加顺畅。

俄罗斯商人巴卜耶夫是做国际贸易的，因为经常各国奔波，对各国不同的手语都有一些了解。

有一次，公司与巴西顾客谈下了一个利润非常丰厚的合作项目。就在签署合同当天，巴卜耶夫生病了，躺在医院里不能下床。于是，他让儿子巴卜耶维奇代替自己签约——这样也算是非常有诚意的做法。

只不过，巴卜耶夫有些担心，对儿子说："你既不了解两家公司谈判的内容，也听不懂巴西语，去了就像个傻子一样，虽然有翻译，但我还是怕你将事情搞砸，毕竟交流也是合作的一部分。"

巴卜耶维奇却笑着说："你就放心吧，我们除了说话，还有其他交流方法啊。"巴卜耶夫很奇怪，问："其他交流方法？到底是什么？""现在不告诉你，等回来你看我的结果就知道了。"巴卜耶维奇故作神秘地走了。

至下午时分，巴卜耶维奇志得意满地回到医院，一看就是合同已经顺利签好了。巴卜耶夫更加好奇，问身边的人："他都说了些什么？对方公司满意度如何？"身边的人说："真是奇怪，耶维奇并没说太多，倒是不断在做一个手势，结果，巴西商人对巴卜耶维奇赞赏有加，还让翻译告诉他：'你是个非常有教养的人，是个很好的倾听者'，真不可思议。"

"手势？"巴卜耶夫更迷糊了，追问是怎么回事。身边人才接着说："交谈的时候，巴西商人一直话多，这是您知道的，但耶维奇则表现出听得很认真、感兴趣的样子，同时还会给予适当的回馈。当对方说的开心时，他就伸出右手，然后握拳，将大拇指夹在食指、中指中间，用力晃动一下，巴西商人一看到这个手势，就高兴地合不拢嘴呢。"

"这是为什么呢？这不是侮辱人的意思吗？"巴卜耶夫一脸茫然，在自己国家，对人摆这个手势是要被揍的。一边的巴卜耶维奇却笑了，说："可是，国家与国家之间的文化是有差别的。这个手势虽然在我们这里是侮辱的意思，但在巴西却是赞美、交好运的意思。我在他介绍自己国家、家庭的时候总不断这样夸他，祝福他，他当然高兴了，自然要说我有教养。"

确实如此，与对方因为语言有所不通，或者想要更加充分表达自己的感情，加强语言的表达效果，合适的肢体语言是非常有魅力而且实用的。它不但能让对方感觉到我们的谈吐恰当，更能回馈对方自己正在积极、认真倾听的信息。这会给对方带来激情，从而为并不流畅的沟通带来良好转机。

其实，在日常当中，很多人都有使用肢体语言习惯，比如紧张时搓动双手，疲劳时按揉太阳穴，不安时来回走动，想要反击他人时，双臂交叉于胸前……这些都是使用肢体语言的表现。因为肢体语言的运用，别人可以在我们身上读出相应的感受、心情以及态度来，从而调整与我们沟通、交流的模式。

所以，善于沟通的“君子”要会动口，还要学会“动手”，如此我们内心的想法才能更好地被表达出来，进而加强沟通效果。

只不过，就如同故事中所讲，不同的肢体语言有不同含义，不同文化氛围熏陶的人对同一种肢体语言的理解也不同。善于沟通的人会掌握这些，并将之灵活恰当运用，使得沟通顺利进行。一个俄罗斯人对一个巴西人做握拳，夹手指的动作是赞美是祝福，可是一个巴西人若对俄罗斯人做相同的动作，就变成侮辱了。这不但达不成良好沟通，还很有可能加剧双方的隔阂。

因此，要想正确运用肢体语言，我们还需要花点时间，用点心，对国内、国际上经常使用的肢体语言进行了解，适当学习一些。在与对方沟通中，我们还需要了解其文化背景，确定对其使用肢体语言的禁忌以及对方所喜欢接受的。唯有这样，肢体语言才可能有助于我们的沟通。

行动比语言更能温暖人心

所谓男子气概是指亲切、慈爱的风度，而不是指肉体上的意愿而言。

——萨迪

或许很多人不曾留意，有时候，我们说很多话，却不及一个小小的拥抱更有力度。人际关系专家们就认为，肢体语言是无往不利的沟通高手，它不但能丰沛个人情感，赢得他人认可，而且比语言更能温暖他人的内心。

事实上，几乎每一个人都有自己特定的，或者说偏好的肢体语言，在我们高兴或者生气的时候，我们就会不自觉地运用到它。只不过，这种单纯的自我情绪表达并不能体现人体语言学的重要性。只有善于沟通的人，才是善于运用行动的人，他们最懂得如何让行动为自己无法继续的沟通发挥作用。

希普森是一名著名的体育教员。

有一次，他接受当地一所学校的邀请，前去担任该校足球队教练。足球队的孩子们都是十来岁的年纪，不但充满阳光，而且个个精力充沛。但是，希普森的目光很快被角落中的一个男孩吸引了——大家又笑又跳时，唯有他默不作声。

希普森特别问身边的校长："那个孩子也要参加足球队吗？我看

他的状态可不怎么好。”

“不，你看错他了。他的水平很不错。只不过，你想要走近他，可能需要花点时间。”校长非常善意地笑了。

“为什么？性格内向，还是有其他问题？”希普森认为，一个足球队最主要的就是团结，若教练没办法与队员良好互动，那么训练也就谈不上成功。

“哦，是这样的，那个孩子叫鲍勃，性格有些内向，缘于他手上有一点小缺憾。”校长慈悲地说，“他右手天生只有两个手指。这让他有些不高兴。”

听完这话实，希普森似乎找到了鲍勃不合群的症结所在。于是，他开始让大家做自我介绍。到鲍勃时，他故意大声说：“哦，你是鲍勃，对吧？认识你很高兴！我们能握个手吗？”

鲍勃对希普森的要求似乎有些意外，站在那里一动也没有动。

“怎么？你不愿与我做朋友？”希普森走上前去，主动地温和地将右手伸到鲍勃面前。

“你真的愿意与我握手吗？”鲍勃小声地说，似乎非常不确认自己刚才听到的那句话。

“当然！而且，我还知道，上帝特别给了你一双与众不同的手，为的就是让你比别人更快的做出‘胜利’的动作（即V字形）。”希普森的手始终伸在鲍勃面前。

听完希普森的话，鲍勃沉寂的小脸上慢慢露出笑容来。他有些颤抖地伸出自己的右手，说着：“这是第一次有人愿意与我握手。”

希普森轻轻握住鲍勃的小手，笑着说：“以后会有更多的！因为这幸运的手，我们会赢得比赛，会让更多人以与你握手为荣。”

经过这次握手之后，鲍勃变得开朗了。

训练进行一段时间之后，学校准备参加全市的汇报比赛。可是，足球队里没人愿意做候补队员。鲍勃看着为难的希普森，主动站出来："我做候补吧！我相信自己一样会踢出好球的。"

说着，他竟向希普森坚定地举起自己的右手，做了一个"胜利"的手势。

在那场比赛中，鲍勃替补他人时进了两个球。从此，他成为足球队的"小明星"。

语言的魅力在于它可以讲很多富有色彩的词语，但它却有一个更大的缺点，那就是我们所说的话，必须要通过动作来验证。而行动本身却不一样，他表达的便是即时可见的。在沟通中，行动有时比语言要更加好用，它温暖人心的速度远远超过了语言的功效。因为人的语言是一种由外而内的传达、验证过程，但行为本身，却是由内而外的即时体验过程。两者相比，自然行动更加直接，更加有效。

不仅如此，心理学研究表明，人们不仅对于舒适的触摸感觉愉快，有时甚至非常迷恋，从而对触摸者产生依赖。这种感受本身相信每个人都有体会，比如，与父母拥抱、与朋友牵手。特别是男女恋爱过程中，说一千句动听的话，有时也不如轻轻牵起对方的手。

我们的肢体语言是充分满足人体感受的沟通方法，它让人们的注意力集中，让内心体会明确。一个善于沟通的人，是很容易理解，也很善于把握肢体语言的。他们永远知道在与对方沟通的过程中，如何恰当运用自己的行动，如何有效唤起对方的认同及愉悦。想要成为沟通达人，我们就不要只寄希望于练习好口才上，还要在语言之外的技巧上动点心思。

不要忽略眼睛的魔力

一条道路从眼睛通向心灵，它并不经过理智。

——切斯特顿

眼睛是心灵的窗口。通过对一个人眼睛的观察，我们能从中看到其内心的想法。眼睛有着如同会说话的魔力一般，用其目光的变化来表达丰富、深奥的内容。这也同时说明一个问题：为什么世界上很多人会因其目光而著名，而很多人却因其眼神的空洞被人视为缺乏灵魂的躯体。

心理学家总结过样一个有关沟通的公式：信息的总效果 =7% 的书面语 +38% 的音调 +55% 的面部表情，而这面部表情中绝大部分内容则通过眼睛透露的。一个人能够运用好这有魔力的眼睛，可以让沟通转“危”为“机”。

维多利亚与老公定了飞往巴黎的机票——他们是去度蜜月的。中途需要转机，他们必须先到纽约机场，才能坐飞机去巴黎。碰巧，两人乘坐的飞机延时，到达纽约时飞往巴黎的航班还有 10 分钟就要起飞。

两个人一路飞奔跑到登机口，虽然航班未起飞，但登机通道已经关闭。维多利亚焦急万分，眼看登机桥被缓缓收起，她喘着急促的气息说：“请等等，我们还没有登机。”

登机口工作人员很平静，轻声说：“真抱歉，登机时间已经过了。”

“可是，我们的转乘航班延时了。他们说会通知登机口给我们时间登机的。”维多利亚解释说。

“噢，那不可能！登机口一旦关闭，任何人都不能再登机。”工作人员始终不紧不慢。

听着飞机引擎的轰鸣声，维多利亚不知如何是好。就在这时，飞机引导员出现在跑道上——飞机马上就要起飞了。维多利亚来到对着飞机驾驶员座舱的位置。透过玻璃窗，她看到驾驶员正待势而发。

维多利亚老公说：“算了，改下一班吧！”维多利亚不死心，一直全神贯注地看着驾驶员，眼睛中似有泪花一般。

最终，她的直视引起了驾驶员注意。驾驶员看了她一会儿，又对着身边另一名驾驶员说了句什么。很快，另一名驾驶员也看了看她。

维多利亚专注地看着两位驾驶员，任凭老公怎么拉她，也不肯离开。

又过了一会儿，飞机引擎的嗡鸣声缓和了下来。一位工作人员对着维多利亚大声说：“别发呆了，驾驶员让你们快点登机。”

这时，维多利亚一下笑了起来，对着驾驶员用力挥了挥手，与老公登上了飞机。

后来，他们与那位驾驶员成为好朋友。驾驶员说：“我当时看着你的大眼睛，仿佛看到了悲伤与哀求，这让我无法视而不见。”

很多时候，很多人都因为一个或专注或哀伤或兴奋的眼神而动容。这也就说明，眼神的存在，虽然没有声音，但一样能达到沟通效果。而且，因为不说话，那目光中的“语言”才格外重要。如果能做到使用正确，又坚定不移，那么，我们就能如同维多利亚一样，成功打动驾驶员，从而让他们利用自己的职权帮助自己实现目标。

在很多艺术作品中，眼睛的光芒无处不在，比如《诗经》中的“巧笑倩兮，美目盼兮”，便是千古颂美之绝唱。而之所以如此，无不是因为眼睛的“语言”深深打动了被沟通的对方，从而才让双方拥有进一步的沟通产生。一双“会说话”的眼睛，足以将人们内心的喜、怒、哀、乐尽现，也足以让我们将它悉数传导给对方。

当然，用眼睛来“说话”应该掌握一定的技巧，比如时间的长短把握，当我们与一个陌生人进行沟通的时候，不可以长时间盯着对方，这会让人家感觉到不自在，甚至尴尬之后的发火。而且，长时间看着一个人，也会表现出自我内涵上的不足：粗鲁、攻击性强。

不过，如果是熟悉的两个人，直接通过目光的对视，却可以传达彼此对对方的尊重。这对于一个沟通者来说，是非常高兴出现这种过程的，至少，这说明我们与其互敞心扉的真诚感非常充足，也表明我们倾听意愿强烈。这显然特别有利于沟通，从而满足沟通的目标达成效果。

总之，不论是谁，想让自己变得更善于沟通时，就不要忽略眼睛的作用——给他人以肯定，给自己的心情打开一扇门。唯有如此，沟通途径才能渐入佳境。

你要相信，没有沟通解决不了的事

信念，你拿它没办法，但没有它，你什么也做不成。

——撒姆尔巴特勒

很多人将沟通看成可有可无的东西，认为它不过是语言上的客套，外交上的惯用辞令。其实不然，人与人相处，公司与公司合作，国家与国家来往，无不需要及时而有效的沟通。我们之所以对沟通存有疑虑，说白了就是自我沟通能力不强，内心缺少对沟通的自信。如果我们都从内心相信沟通的力量，相信沟通的作用，那么，我们将很快发现，在这个世界上，就没有沟通解决不了的事。

在所有人心中，比尔·盖茨几乎都是成功典范，是神一样的商人。有很多人期望能与比尔·盖茨会晤，进行良好沟通，以帮助自己事业有所发展，但与此同时，也有更多的人，因为害怕在比尔·盖茨面前说话而错失机会。

李开复也曾经是怀有害怕又期望的心态进入微软公司的。凭着自己的能力，他与公司任何同事沟通都没问题，可唯独到了比尔·盖茨面前，每次都因为不敢开口说话或者害怕说错话，而白白浪费见面之后的交流机会。所以，在进入微软公司很长一段时间里，李开复都没与比尔·盖茨直接交谈过。

直到有一次，比尔·盖茨召开公司改组会议，要求到会的所有人都必须轮流发言。此时，李开复再也不能回避说话了。当时，他心里想：管它呢，哪怕是说错话又怎么样，反正是一定要说话的，干脆就放开胆子说好了。

发言轮到李开复时，他在心底给自己反复打气，然后鼓足了勇气，义无反顾地说："在我们公司里，员工普遍的智商都会比别人高一些，但现实是，我们的效率却是最低的。这是因为我们每天都在忙着改组，员工内心总处于不安全不踏实的感觉中。在其他公司，员工智商是相加的关系，唯有我们，却因为改组而不得不相互'斗争'，这让我们所有人的智商变成相减的关系……"

李开复滔滔不绝地说着，将自己的意见和想法全都讲了出来。整个会议室安静无比。

会议一结束，李开复就收到了其他同事的电子邮件。同事们都说："你说得太好了！可惜，我没有胆量说出这些……"

比尔·盖茨不但接受了李开复的意见，改变了公司的改组方案，而且将他的话进行了引用，讲给公司高管层听，并告诉大家："不断地改变，只会让公司陷入'斗争'，造成公司智商的相减。"

正是经历了这一次"破釜沉舟"式的交流，李开复才突然明白，自信对人太重要了。他现在不但不惧怕在比尔·盖茨面前讲话，更不惧怕在任何人面前讲话。因为他明白，只有坚定自信的沟通，才能解决一切问题。他说："你没有试过，怎么知道不行呢？"

我们不会沟通，不相信沟通，不是因为沟通本身有问题，而是我们内心的信心不足。罗曼·罗兰就说：先相信自己，然后别人才会相信你。沟通正是这样的艺术，如果我们在与人交流时，总抱一种迟疑、犹豫的态度，我们是没有办法让他人无条件支持、相信我们的意见的。这不是沟通没有作用，而是我们对沟通的自信心不足——在交流中，这种自信不足出卖了我们，给别人以破绽可循。

沟通，本身拥有三种不同的交流方式，一是消极被动地接受，二是强迫他人接受，三是坚定自信地交流。显然，三者之间因为有所差异，其沟通质量就有所区别。一个处于消极被动接受的沟通者，是无法被认可也无法完全表达自我要求的。而强迫他人接受，更多的是施加其他外力，最终导致结果的达成。这对对方的尊重不能体现，也无法保证后期的沟通、合作继续。唯有坚定自信地交流，才是让双方都获得尊重的方法，它更符合沟通双方之间的利益，以及个人感受。

坚定自信的表达是沟通双方都可以获取充分尊重的有效方式，当我们坚定自信地表达出自己的感受、意见时，它就会形成我们不容侵犯的外在气场，它能让对方感受到我们的坚定不移、不可动摇。于是，对方才会退而求其次，进而从低一层的底线开始构筑自我目标。可见，我们在与人沟通之前，一定要相信："没有沟通解决不了的事"这一事实，我们必须充分表达自己的观点与意见，必须全力让对方也相信，沟通就是解决我们之间问题的唯一途径，最终促成沟通的有效性。不论在什么时候，在什么样的场合中，我们一定要有这种自信，坚决相信沟通的作用。

第六章 倾听让你成为优雅的沟通者

倾听是接收口头和非语言的信息、确定其含义和对此做出反应的过程。倾听对形成良好沟通的影响重大。用十秒钟时间讲，用十分钟时间听。只有善于倾听，我们才能了解对方，才能成为真正的沟通高手。

善于沟通的人都善于倾听

要做一个善于辞令的人，只有一种办法，就是学会听人家说话。

——莫里斯

倾听，是与人进行有效沟通的必要技巧之一。想要让自己善于沟通，并让他人信赖自己，愿意与自己交流，最简单的方法莫过于认真倾听。

事实证明，世界上最厉害的处世高手，最常用的方法也不过是倾听他人说话。倾听不仅是对他人的关注与尊重，也是成功引起他人对我们兴趣的开始，它在双方的对话中占有非常重要的地位。如果我们想要成为善于沟通的人，首先要学会去做一个善于倾听的人。

1927 年，墨西哥战乱不断，政府也频频更迭。时任美国总统柯立芝在这一年派德怀特·莫罗去往墨西哥担任驻墨西哥美国大使。

所有人都知道，这个大使不好做，危险系数很高，一个不小心，就有可能出现生命危险。

德怀特·莫罗是个沟通达人，非常清楚自己的处境，认为最安全也最保险的方法就是赢得墨西哥总统的好感。毕竟，只有墨西哥当局加强对使馆的保护，使馆内的工作人员才会有安全保障。于是，德怀特·莫罗准备与墨西哥总统卡列斯进行沟通，以增强他对自己的好感。

可是，德怀特·莫罗对墨西哥文化了解不多，与卡列斯也是第一次见面。如何沟通才能给对方留下好印象，并成功增强好感呢？思来想去，德怀特·莫罗认为，最好的方法莫过于对他人的尊重。

于是，在卡列斯接待时，德怀特·莫罗表现出非常虔诚的尊重：由始至终，他都不大声发言，却聚精会神倾听总统说话。

在卡列斯发言时，德怀特·莫罗静静地看着他，并恰当地点头、微笑，以表达自己已经听懂了他的意思。而当卡列斯让人送上饼干、雪茄等食用品时，德怀特·莫罗仅用极短的几句话对其进行赞美。

果然，会见结束之后，卡列斯对德怀特·莫罗的印象非常好，说他是一个懂得积极倾听别人的人，而且不张扬，又稳重。果然，他从此对这位美国大使格外关照有加。

很多时候，人际关系的失败不是因为我们说了什么，而是我们错过了什么——因为缺乏积极有效的倾听，所以不了解沟通中的问题症结所在。这就导致沟通双方之间的误解、冲突加深，从而加大沟通难度。

有人说，当你对他人感兴趣的时候，才能引起他人对你的兴趣。倾听就是这样，我们在他人面前滔滔不绝，完全不听他人的声音，也就关闭了他人对我们的兴趣。所以，一个善于沟通的人，绝对不能因为不善于倾听而错失沟通良机。

汽车推销大王乔·吉拉德说过："世界上有两种力量非常伟大，其一是倾听，其二是微笑。"我们若能在沟通中，保持微笑，积极倾听，便可以成为最好的沟通者，成为他人感兴趣的沟通者。自然，我们也会因此而成就沟通，使自己成为善于沟通的人。

当然，想要成为合格的倾听者，需要掌握一定的技巧。以下几个方面，是每一个渴望成为善于倾听的沟通者有益的借鉴：

1. 良好的神态非常必要。听别人讲话时，应该眼睛保持与谈话者有所接触，双眼以经常性目视对方鼻梁为宜，不可以看的时间太长，以免引起对方的不安。专心倾听的同时，要积极调动大脑思维，切忌精力不足，无精打采。这只会让对方感觉自己说的很无聊，体现不出应有的尊重。

2. 面部表情要跟上。倾听他人的谈话，不能永远只保持一个表情，应该根据对方的谈话内容做出相应的反应，比如听到有趣的地方，适当微笑；听到不适的地方，皱眉表达内心感受等。表情是一个人最丰富的语言表达，只有会运用表情的人，才更有利于沟通。

3. 及时回馈要适度。倾听就是为了让沟通更顺利，而沟通则是为了获取对方有效信息。所以适度的提问，情绪、感受表达也很有必要。但不能过于累赘，否则，当谈话者无法再继续自己的讲述时，沟通的有效性也就被关闭了。

4. 肢体语言恰到好处。倾听不应反馈出敷衍的态度，比如一边听对方说话，一边自己小动作不断，眼睛还不时东看西瞄，这都给人一种敷衍、忍受的感觉，很不利于沟通。但如果能时而手托面部，时而前倾身体，时而点头称是，则给人积极、肯定、鼓励的感受，从而促使沟通更加顺畅。

5. 无声胜有声。倾听就是闭上自己的嘴，听对方说话。如果我们为了显示自己在听对方说话，总是打断对方，那就起不到倾听的作用了，相反给人一种抢风头的感受。适度的沉默，辅以相应的肢体语言，哪怕没有声音，也可以获得最佳的倾听效果。

总之，想要成为善于沟通的人，一定要善于倾听。而善于倾听者，必须要调动面部、肢体、语言等各种技巧，来充分显示倾听的积极性。如此，谈话者才不会忘记倾听的我们，才会对我们更有兴趣。

用心听对方说什么，你才知道该说什么

一双灵巧的耳朵胜过十张能说会道的嘴巴。

——戴尔·卡耐基

古语说："听君一席话，胜读十年书。"人类虽然长于说教，但用心倾听才更重要。因为用心倾听是一种平等而开放的交流态度，是一种对他人发现、欣赏的赞美，可以让说话者从中感受到来自倾听者的尊重与虔诚，从而放开自我内心的防备与抵触，将心里想的、目标所在"和盘托出"，这时，我们也就知道了如何开口，如何与对方沟通。成功人士之所以认为，想要成为善于沟通的人，能言善辩倒不如洗耳恭听，也就是这个原因。

苏菲亚是法国一个小镇上的服装设计师。她经营的服装定制店在当地非常受欢迎。她的顾客都说："与苏菲亚交流完全不费力气，只要简单说几句，她就可以明白无误地知道你的意思，并恰到好处地替你讲出来。"

当好朋友问苏菲亚为什么会这么厉害时，她却笑了，说："有人告诉我，一定要先听别人说什么，然后再开口。"

朋友非常不解，说："这是什么意思呢？"

于是，苏菲亚给朋友讲起故事来。

那是苏菲亚开店不久时发生的一件事。

当时，她正在为一位白发女士量尺寸，一位先生拿着一套西装气势汹汹地走进店来，说："你们店用的是什么面料，这西装掉色严重!"

因为当时店里有顾客，苏菲亚当然要极力维护自己店的声誉，说："这怎么可能呢！先生，你肯定搞错了，我们店的面料是不会褪色的。"

没想到，苏菲亚的话让那位先生非常生气，直接与她吵了起来。

在两个人吵得不可开交时，一边的白发女士站起来，微笑着对那位先生说："先生，您别生气，这是我女儿。她年轻不懂事。请您告诉我发生了什么事好吗?"

当时，苏菲亚被那位白发女士的话惊呆了：她可不认识这位女士，怎么就成为自己的母亲呢?

可那位先生并不介意她是谁，便从头到尾讲了关于西装的事。

他讲了大约十几分钟，不仅有抱怨，也有发泄。白发女士一直安静地听着，还非常善解人意地给他端上一杯咖啡。等到他停下来，白发女士才说："真是非常不好意思，店里在进每一批面料的时候，也不能完全知道会出现什么情况。现在，我想听听您的意见，我们按照您的意思处理，可以吗?"

听了白发女士的话，那位先生似乎有些不好意思，说："其实，我就是想说，你们店里不能想办法不让西装掉色吗?"

白发女士听完便笑了："先生，有些面料因为特别的加工问题，在第一次清洗都会掉一点颜色，我看您的西装就是这种，你能不能再试穿几天，如果到时还会褪色，我们会无条件给您退货，你看可以吗?"

那位先生听完，满意地回去了。苏菲亚这才反应过来，不知如何是好。白发女士却非常慈祥地说："在你解决问题的时候，应该先听明白顾客说的是什么，否则，你们只会越吵越凶。你记住，用心听别人说话是一件有意义的事，它能让你知道自己应该说什么才是正确的。"

确实，那位先生并没有退掉西装的想法。他回去试穿一周后，西装面料停止了掉色。他不但没有再提过这件事，而且还成为店里的常客。

从那时起，苏菲亚便学会了用心听别人说话，用心与顾客沟通。

很多时候，人们总将沟通看作争夺利益的对峙过程，你来我往，互不相让。但事实是，这种做法很容易误解别人的意思。良好沟通应该是以对方为焦点的。这样我们才能站在对方的立场上，理解对方的情绪，明白对方想要的结果，从而有的放矢的解决问题。如果我们只一味地强势，与对方一争输赢，不但最后达不成沟通，两个人还可能从此成为仇人——这显然并不是善于沟通者所做的事。

大多数人都认为，在沟通中，只听不说是件浪费时间的事。其实不然，用心倾听他人说话有两个目的。

第一个目的是从对方的话语中吸收有效信息。这是沟通的重点所在，当我们不了解对方的时候，沟通起来必定容易找不准话题。但用心倾听对方说话后，则有助于我们轻松切入有效话题。当对方在表达自己的意见时，总会不自觉地将自己的认知、感受、见解甚至是教育背景、学识、身份、年龄等等问题暴露出来。

第二个目的，用心倾听别人的话，能增进自我说话经验。因为用心倾听别人时，我们就会暂时淡出自我谈话架构，从而进入对方的经验世界。这是用心感受对方的方式，不但对方可以得到尊重，我们也能从倾听中更加了解哪些话可以让对方易于接受、能够认同等。所以，用心倾听是一个学习、组建自我沟通架构的好机会，想要成为善于沟通的人，是绝对不能错过这个机会的。

谁都喜欢有个倾听者，但都不喜欢“喇叭”

做一个惹人厌烦的人的秘诀就是告诉别人一切。

——伏尔泰

人们似乎一直都乐于充分倾诉自己，而不愿听他人说话。一旦有让自己说话的机会，就会完全忘却他人的存在，从而尽情表达自我心声。这种现象对于想要成为善于沟通者的人来说，绝对是一个大忌讳。因为现实生活中，人人都希望有一个人可以倾听自己，让自己感受到尊重甚至是恭维，但很少有人喜欢随身带一个“喇叭”，时刻听其“长篇大论”。

可见，如果我们想要成为善于沟通的人，首先要做的是将说话的机会留给对方，让他去充分讲述自己关心的人与事；我们只需要牢记：一个受人喜欢的人，一个善于沟通的人，绝对是善于倾听者，而非喜欢说话的人。

凯文是一家重型汽车销售公司销售员，平时业绩非常不错。一天，老板叫住他：“凯文，你下午去一位老顾客那里拜访一下吧！他应该要换新的汽车了。”

凯文很意外，为什么老板会将这样好的机会给自己。就在他疑惑的时候，老板说："去的时候要注意一些，在你之前已经有两位销售员被骂回来了。"

这时，凯文才知道，原来是一位非常难沟通的顾客。

下午，凯文带着自己的名片来到那位顾客家里，非常温和地说："您好，我是××重型汽车销售公司的销售员，我叫凯文……"

凯文还没把自己的话说完，对方已经十分不友好地打断了他的话："你是汽车销售公司派来给我推销汽车的人吗？你知不知道，你们公司的服务态度实在成问题，而且，汽车报价也不真实，交接车的时间也出现了差错，让我等了很久。我接到车后还发现，车内装及配备与谈的时候根本不相符……"

顾客似乎已经积了一肚子的怨气。他就坐在那里，喋喋不休地讲着汽车销售公司的不好，以及汽车的问题等。凯文始终认真地听着顾客抱怨，一句辩解的话也没有。顾客说到口干时，才终于停了下来，喝一口水，并长长吐一口气，好像胸中的怨气都被刚刚吐光了一样轻松。

也直到这时，顾客才发现凯文并不是之前来的那两位，于是笑起来："原来换了销售员？我说怎么这么安静呢！之前那两位可比你能说多了。小伙子，你确定自己这样能卖出汽车吗？"

凯文并没有反驳，只是笑了笑，说："倾听顾客的意见是我们销售工作的一部分。"

那位顾客听完凯文的话，居然有些不好意思起来，拍了拍沙发，说："坐吧，小伙子，顺便将你们公司的新车目录给我看看，帮我介绍一下吧！"

这时，凯文拿出了自己的汽车目录单，开始为顾客介绍汽车。没谈多长时间，顾客便当场拍板："小伙子，我看你是个实在人，不但尊重顾客，而且也非常有诚意，所以，我现在就订购两台重型汽车。”

就这样，凯文没费多少口舌，轻松售出了两台重型汽车，而且还充分获取了顾客的信任与好感。

世界上最优秀上的销售员就总结过：如果你想成为最好的推销者，请将倾听与说话的比例调整好，70% 的时间应该让给顾客来说话，你只能处于倾听状态，剩下 30% 的时间，才是你用来赞美、鼓励、建议、提问的。这就是著名的“两只耳朵一张嘴”推销法则。我们其他人沟通时也是如此，不管对方是什么人，想要达成良好沟通，多听少说，非常必要。

倾听是一个人的修养表现，它能让我们保持安静、稳重，让我们适时给对方以恭维与尊重。这样的倾听者，是每一个人都喜欢的，因为在我们倾听的过程中，诉说者可以充分感受自己诉说的畅快，同时也能感受到自己得到了应有的尊重，这让对方心情愉悦，更对我们心有好感。

当我们面对他人滔滔不绝时，不但会将自己的内心不经意告知对方，还会让别人的耳朵感觉不堪其扰。这样的做法，非常不讨人喜欢，也正是因为如此，人们才将爱说话，一说就停不下来的人称之为“喇叭”。这显然是一种贬低，因为喇叭于我们来说代表着噪音，试想，谁会喜欢让自己的身边时刻充满噪音呢？真是这样，大家躲还来不及，又怎么可能愿意走近并与之进行沟通？

如果我们想要成为善于沟通的人，一定要记得适时闭上嘴巴，减少我们说话的数量。就如同所有会说话、会推销的大师所说的那样，我们最好的沟通技巧就是：倾听！倾听！倾听！倾听能让我们更受欢迎，能让我们获得更多机会，能让我们沟通无往不利！

记得带上你的微笑去倾听他人的精彩

有一种东西，比我们的面貌更像我们，那便是我们的表情；还有另外一种东西，比表情更像我们，那便是我们的微笑。

——雨果

犹太人一直是世界人民公认的聪明者。他们之所以可以成为这样聪明的人，除了与日常的读书有关之外，还与微笑、倾听有关。因为在《阿拉伯史》中，犹太法则的第七条与第八条便分别是笑与倾听。正是因为这两种伟大的特质，犹太人在面临了前所未有的苦难后，依旧能够在激烈、复杂的社会竞争中存活下来。

其实，微笑与倾听不仅是做人的智慧，也是沟通的必备法则。想要成为一个善于沟通的人，我们必须要懂得倾听，而且，还要在倾听时时刻保持面带微笑。

奎恩结婚快要20年了。他每天都是按时起床，按时上下班，出门时与妻子说再见，进公司主动与同事打招呼。但所有人都感觉奎恩是最不好打交道的人，而且也是最沉闷的人。这让他非常不解。他与妻子抱怨："我对所有人做到了礼貌，与所有见面的人打招呼，听需要的人倾诉，还有我这么好脾气、耐心的人吗？"

妻子想了想，说："社区有一个继续教育培训班，也许那里会对你的疑惑给出答案。"

奎恩实在想不通为什么自己做人这么失败，便听从了妻子的意见，去参加社区培训。

没想到，培训老师却告诉他：“请你出门去体验一下，不管与任何人打招呼，或者听任何说话，都保持面带微笑。过一星期，你再看效果。”

对老师的这个要求，奎恩有些哭笑不得，但他很想验证一下效果，就按老师说的做了。早上出门时，他第一次对妻子保持微笑，说：“亲爱的，我上班去了，再见。”妻子几乎不敢相信自己的眼睛，嘴里却愉快地说：“亲爱的，再见。”奎恩感觉出妻子与平日有所不同——她不再是平淡地点头，也不是简短地“嗯”，而是笑着回应自己“亲爱的”。

当奎恩出社区的时候，第一次对电梯管理员笑了，嘴里还是往常说的那两个字：“早安。”管理员马上还他一个温和的微笑：“早安。”这完全不像平日，因为平时他与管理员打招呼时，管理员只会头也不抬地回答“早安”。

奎恩似乎发现了微笑的魅力。他开始时时面带着微笑，与每一个人打招呼；面带微笑，倾听同事满腹牢骚；面带微笑，对上司说出自己的意见……

很快，人们都说奎恩变了，变得生动而且有人情味，不但善解人意而且更加易于让人接近。奎恩终于明白，面无表情的时候，说得再多，做得再到位，都不如微笑更能拉近与他人的距离，也不如微笑更让人愉快。

有位哲人说过：“微笑，它不花费什么，但却创造了许多成果。它丰富了那些接受的人，而又不使给予的人变得贫瘠。他在一刹那间产生，却给人留下永恒的记忆。”确实，微笑是一把打开人与人之间紧张关系的金钥匙，它不但能让对方向我们敞开心灵，更能让对方充分感受到我们的热情与修养，以及我们对他所赋予的尊重。

倾听虽然是沟通的必要方法，而一种面无表情的倾听远远不及微笑着倾听更能打动对方。因为面无表情会给对方犹疑与不安，他人不能确定我们是不是在认真倾听，更不能确定我们是不是愿意倾听。这常常会让正在讲述的人忽然闭口，从而使双方交流尴尬收场。而微笑却不一样，它体现着倾听者的快乐感受，更体现着诉说者的激情与温馨。这为沟通的双方都带来平和、友好的心理感受，从而架起顺利沟通的桥梁。

有人不明白，不过是一个微笑而已，哪有这么大魅力？因为，微笑不仅仅是一种友好，它更像一缕化解陌生、猜疑的春风，可以轻松将对方内心存在的抵触荡平。而且，微笑倾听犹如一种肯定，它在告诉对方：我正在听你说话，而且听得津津有味。这是一种对诉说者的肯定，诉说者会因此对我们心存感激与好感。这为打开沟通的大门，起到强而有力的促进作用。

一个想要成为善于沟通者的人，是必须要学会倾听的，而一个想要成为优秀沟通者的人，一定要在倾听的同时面带微笑。我们只有用心去肯定诉说者的精彩，只有用笑容去回馈倾听的效果，才能让对方感受我们的真诚所在。面对真诚的人，沟通者多数是不设防的，这让我们的沟通更加有效，更加顺畅。

倾听不能半途而废

做一切事情都应尽力而为，半途而废永远不行。

——斯托达德

从小，我们受到的教育就是做事要有始有终，不能虎头蛇尾，更不可半途而废。因为这只会让我们一事无成，懊悔终生。只不过，很多人不知道，倾听别人谈话也是如此，绝对不能半途而废。因为语言的魅力就在于其戏剧的转折性，如果我们根据对方上半句的话去迅速做出反应，它很可能只是一个引子，又或者只是一个“陷阱”，这对我们的沟通是非常不利的。

不仅如此，对别人的话听到一半就给打断，对他人的意思一知半解，都不是合格的沟通者应该做的事，都是显得没礼貌的事。

林克莱特是美国非常著名的主持人。他不但善于沟通，而且更善于倾听，所以非常受人们喜爱。

有一次，电视台做一档儿童访谈节目，领导要求林克莱特亲自担任主持。领导认为：“小朋友谈话非常难以让成人理解，这不利于话题的沟通，所以一定要善于沟通的林克莱特亲自上阵。”

节目开始了，林克莱特与台上的小朋友们打招呼。为了引起大家的兴趣，他故意问在场的小朋友：“大家觉得飞行员这份职业怎么样?”有的小朋友说：“很威风，衣服也很酷。”有的小朋友则说：“飞行员需要良好的身体，要求非常严格。”

这时，坐在后面的一个小朋友说：“我的愿望就是成为一名飞行员，专门驾驶飞机，为所有人服务。”

林克莱特觉得这个孩子很与众不同，便接着问：“可是，你知道做飞行员风险很大吗？”

小朋友却坚定地说：“我不怕。”

“那如果你驾驶的飞机在天空飞行时，燃料用尽了，引擎即将熄火，这时你该怎么办呢？”林克莱特似乎想要与这个小朋友进行深度沟通。

这引起了在场观众的好奇，大家都认真地听着。

小朋友歪着头想了想：“我会让其他人坐好，并系牢安全带，我自己会跳伞，先离开。”台下原本认真倾听的观众，听到小朋友这样的回答，忍不住哄堂大笑。有的甚至笑着说：“真是个会为自己着想的孩子。”

可是，那个小朋友看着大家的样子，急得快要哭出来。林克莱特意识到了孩子还有话要说，便示意大家安静，继续问：“为什么是你自己先跳伞，而不是其他人呢？”

小朋友这才委屈地说：“我要快点去取燃料，我要在飞机降落之前回来，我是要回来救大家的。”

这时，观众席全都安静了，他们在小朋友急切的神态中，似乎看到来自于孩子的那份天真与天然的悲悯之情。

林克莱特带头鼓起了掌，对观众们说：“孩子的想法是我们所不能理解的，我们错误的领会了他的意图。”

在沟通过程中，之所以需要认真倾听，就是提醒我们，一定要全部理解对方的意思，要从对方的话语中听出他想要表达的真实感受。

而这一点，是大多数人所做不到的，因为我们习惯着急发言，总在听到他人前半句的表述之后，就急于发表自己的看法。殊不知，我们可能因此就让倾听半途而废，进而曲解了对方的意思。

对他人的谈话进行耐心倾听，并保持由始至终的礼貌，才是一个善于沟通者应该做的事。这种行为本身不但表现我们良好的个人修养，也同样能满足谈话者符合自我逻辑的讲话方式。

现实生活中，很多人有不求甚解的习惯，因为在他们看来，说话比倾听更能表达自己的思想。而对于一个善于沟通的人来说，这是很要不得的想法。因为在我们对他人的谈话不求甚解时，就容易让倾听半途而废，而且还会自以为是的将自己的意思折射到他人所说的话中去。这会对谈话者所讲的内容产生很大误解，也会导致谈话者对我们心存成见。

想要成为一个善于沟通的人，我们首先要做到耐心，不要在倾听他人讲话时半途而废。自古以来，尊重是相互的，我们耐心倾听他人的整个谈话过程，是对谈话者的尊重。而当谈话者获得尊重之后，也会将相应的尊重回馈于倾听的我们。这才是让沟通得以顺利进行的保障，这才能让我们有机会达到沟通的目标。每一个想要成为善于沟通者的人，都应该时刻记住，倾听只是一种沟通方法的名词概括，它还有着其内在的技巧，这就是“听的艺术。”如果我们倾听他人谈话习惯只听一半，那也就违背了倾听的技巧，有失听的艺术。

多听长智慧，少说修品行

人有两耳双目，只有一舌，因此应多听多看少说。

——苏格拉底

古人常说：多门之室生风，多言之人生祸。所谓祸从口出，就是因为说话太多，不注意自修品行而招致的。我们只要细心想一想就会明白，为什么佛像多为口小、耳朵大的形象。这样的面部结构恰恰说明一种禅意：小口只为减少说话的机会，而大耳则有益于倾听众生。所以佛耳能容天下烦琐，佛嘴能禁天下是非。如此，我们也便能够领会多听少说者的人生境界了：能多听者必定智慧高深，而少说者则品行出众。

在哲学界，流传着一个苏格拉底的小故事。它生动地表明，人想要有所成就，请学会少说多听的习惯。

有一个年轻人，口才非常好，但却一直无法与他人顺畅沟通，并成为人们崇敬的演讲大师。他非常不解，于是决定去找著名哲学家苏格拉底，向他请教如何与人沟通并成为演讲师。

苏格拉底热心地接待了那位年轻人，问他：“你准备问我什么问题呢?”

为了表现自己的好口才，年轻人便讲起自己的生平来。他不但说得特别多，而且完全不给苏格拉底讲话机会。

听到最后，苏格拉底已经明白年轻人的问题所在，便说："你若想要在我这里得到关于如何与人沟通、成为演讲师的答案，就必须缴纳双倍的学费。不然，我不会教你。"

年轻人非常惊讶，说："你是一个名人，而且受人尊重，为什么要这样对我呢？我知道别人向你学习都只交很少的学费，有的甚至都不交，凭什么到了我这里，却变成双倍的学费？这太不公平了。"

苏格拉底看了看年轻人，淡淡地说："因为我不能只教你如何演讲，还要同时告诉你如何闭嘴，否则你永远成不了会与人沟通的演讲师。"

年轻人听完这句话，呆若木鸡。

希腊的哲人喀隆说过："不要让你的舌头超出你的思想。"而芝诺则说："我们之所以有两只耳朵而只有一张嘴，是为了让我们多听少说。"一个说起话来夸夸其谈，不顾及他人感受，甚至不知道如何停下来的人，永远也不可能成为善于沟通的人。因为在他滔滔不绝的时候，身边人已经产生了厌烦，而他却身在其中，毫不自知。

另外，说太多的话，必定会暴露自己的内心。这在沟通中是最大的损失。很多成功的企业家都认为，在与对方进行谈判的时候，最好的方法是让对方多说，而自己主要以听为主。弗洛伊德认为："如果你能使别人谈得足够多，他简直无法掩饰其真实的情感或者真正的动机，如果你十分注意地听，并对对方说的一切话中所隐含的意思保持警觉的话，你就能把握住对方的秘密，同样，如果你不想让别人知道自己的真实思想，如果你不想'显示出你的优势'，那么最好守口如瓶。"

多说话的人不是聪明，而是对自我内心的出卖。相反，一个少说多听的人，其智慧注定要超出多说话的人。少说话能让我们变得更有思想，更能帮助我们在内心修养自我品行，从而少犯错误，不惹人厌烦。一个注重听人讲话的人，充分彰显其成熟、聪明、内敛之相，而一个多听少说的人，又必定拥有尊重、友好、包容的内心。所谓多听长智慧，少说修品行，正是如此。

我们要先管住自己的嘴，再学会调动自己的耳朵，用心去倾听别人。不管到任何时候，听其言，观其行都是甄别他人的不二法则。墨子作为一个能言善辩的思想家，就这样告诫自己的弟子：一定要少说多听，同时更要听之能受，受之能耐、能忍。

当然，想要成为真正善于沟通的人，只多听少说还不够，一定要懂得听的智慧，要明白说的道理。少言可视为多思，因为不说话可以让大脑多思考。而多听则要学会善听，不能什么话都听，比如浮夸的无稽之谈，无聊的靡靡之音，还是少听、不听为妙。若想要让自己的沟通能力增长，则要多听先哲之言，多听无忌之语，不要让自己“耳朵掉下来变成舌头”，不要成为他人眼中愚蠢、无德的饶舌之徒。

留一份沉默给自己

虽然言语的波浪永远在我们上面喧哗，而我们的深处却永远是沉默的。

——纪伯伦

一说到沟通，我们难免想到好口才，也难免想到双方因为无话可说而产生的尴尬。但事实上，沟通除了“口吐莲花”“口若悬河”之外，沉默同样是必需的一部分。

试想一下，沟通的双方你来我往，互不相让，最终的结局多会是不欢而散。这是人类心理的一种通病，或者称为一种欲望：在他人说出上句话时，我们一定要接出下一句才觉得妥当，否则就有理屈词穷之嫌。这其实就是一种说服欲、好胜欲在内心的膨胀所致。

此时，如果有一方能保持适度的沉默，双方的气氛便会平和很多。而在没有争吵与竞争的环境中，人的情绪是趋于理性的，这对于问题的解决只会更有利。

原一平是日本早期的金牌推销大师。他从事保险推销从来没有输给过任何人。人们很难相信，就是这样一个推销大师，在面对顾客时，总会留出适当的沉默时间，以给顾客思考的机会。

有一次，原一平向一位出租司机推销保险。其他人都不看好，认为一个出租司机是没有什么能力买保险的。原一平找到那位司机时，那位司机说：“你们不要对我下什么工夫，我是不会买保险的，因为我本来就有车带的保险。”原一平并没有放弃，而是请这位司机去自己的公司看有声影片。

在当时，民间流行的多是黑白无声影片。在原一平的公司里，却有一台彩色有声影片放映机——这一直是人们最感兴趣的地方。出租车司机也不例外。他认为，这是感受一下有声影片的良好机会，于是非常高兴地应原一平的邀请去了。

去的时候，他做好了准备，因为他知道，推销员都是能说会道的，一定要沉下脸，保持内心的克制才行。

但是，那位司机并没有想到，原一平却由始至终都没怎么说话，除了与他正常打招呼，端茶之外，便开始放映彩色有声影片。原一平放的是一部专门介绍保险的影片。出租司机津津有味地看着。当影片结束时，荧幕上打出一句话："它将为你及你的家人带来些什么呢？"

看到这句话时，司机沉默了。他看了一眼原一平，原一平也保持着沉默。这让他心里更加不安，觉得自己错过了什么。司机开始回想有关保险的问题，从他的脸上就可以看出，他心里经过了一番非常激烈的思考。

当原一平再给他倒一杯茶的时候，司机突然问："现在这种保险还能买到吗？"

原一平点头，微笑着拿出保险合同。很快，那位司机便签下了一份高额保险合同。

美国心理学教授古德曼说："沉默可以调节说话和听讲的节奏，没有沉默，一切交流都无法进行。"这就是说，沉默是人们思考的开始，一个人在思考时必须要沉默，而只有思考之后才会做出最理智、冷静的决定，也就是我们所说的沟通结果。

在上述事例中，在司机进行思考时，如果原一平忍不住开口，要趁热打铁，就很可能会给司机带来"推销圈套"的感觉，从而果断放弃购买保险。但原一平保持沉默，这让司机产生了内心的不安或者说愧疚感，于是最终签下合同。

古人认为，做人应该"讷于言而敏于行"。虽然沟通是语言的产物，但沟通目标却是行为的产物，我们若只会喋喋不休，便给人肤浅、不安于事的心理感受。这只能让对方多在心里打几个问号：与这样的人合作是不是保险，与这样的人沟通是不是只停留在说的层面上？这显然不利于沟通，自然也很难让双方达到各自想要的目标。

因此，我们纵然口才了得，纵然品质优秀，但在沟通时也不妨留一点沉默的空间给自己。这同时更是给对方留出的思考时间，它能让双方的“尖锐”观点得到轻松回避，也能让我们倾听对方更多的观点以及意见。古希腊有句谚语，叫作“聪明的人借助经验说话，而更聪明的人，根据经验不说话。”这就是我们为什么要保持沉默的原因：它会让我们变得更聪明。

当然，在沟通中利用沉默是一种技巧，我们不应该过长时间的沉默，或者一直不说话。凡事有个度，沉默的时间过长，会给对方带来尴尬，也会让自己陷于不利。倾听时，或者保持沉默时，一定要把握适当的时间，一般不超过 3 分钟最恰到好处。如果我们沉默时，对方也无话可说，则要迅速调动思想，转换话题，打破僵局才是聪明的做法。

倾听中，你的姿势会暴露你的素质

一个穿得好的人并不出众，他的优雅让他脱颖而出。

——奥斯卡·德拉·朗特

人们常说，一个人外在的表现就是其内在素质的延伸。这话一点都没错，因为人之内在反映到外在，从而形成个人形象。当我们内心拒绝粗鲁、无礼、野蛮的时候，外在表现势必会优雅、礼貌、温和。相反，一个人嘴里只说着各种仁义道德，但内心阴暗反复，其肢体语言总会出卖他的内心。

所以，想要深刻的了解一个人，不要只听他说了什么，还要看他做了什么。一个平时总是手舞足蹈的人，是很难与稳重相提并论的，而一个摇头晃脑的人，必定内心充满自我。因此，在我们注意倾听他人讲话时，保持良好姿态非常必要，否则，一小心就会因姿势而出卖了素养，导致沟通的对方对我们避而远之。

丹尼尔家里非常有钱，在美国有多家商贸公司。每天出入公众面前，他都显得彬彬有礼，他穿的西装、系的领带、用的皮包、穿的鞋都很讲究，必须是高级奢侈品牌。很多初见丹尼尔的人都会说："看看，这才是真正有修养的社交家、成功人士。"

可是，当与他接触之后，人们很快就不会有这种看法。

有一次，丹尼尔聘请美国一家有名律师事务所的律师为自己打官司。史密斯成功接住丹尼尔抛过来的"橄榄枝"。但是，第一次见面后，史密斯毅然毁约，不再与其合作。

原来，坐在史密斯面前，丹尼尔左腿高高翘于沙发上，头则侧向一边，非常傲慢无礼。

史密斯第一次看到这么无礼的人，但想到那一大笔律师费，便忍了下来。可是，在与丹尼尔谈案件过程中，丹尼尔居然几次挥动胳膊，一副将所有人都不看在眼里的架势。史密斯很不理解，说："我们是合作关系，我是你的律师，拿你的律师费不假，但却不比你地位低下，你怎么可以这样对我呢？"

一边的助理眼见两个人要谈崩了，马上出来解释："史密斯先生，请您不要介意，这是我们总裁的习惯动作，相信他一点轻视你的意思也没有。"

丹尼尔见史密斯生气了，也只好承认错误，说："好吧，看来是我错了！我保证以平等的姿态坐在你面前。"

史密斯这才平静下来，继续与他谈这场官司的事。可没讲几句，端坐的丹尼尔突然站起来，在办公室里来回地走动着，一边走一边大声说："我不管你用什么方法，一定要把那个狗娘养的公司告倒！我已经忍受他们太长时间了。"

此话一出，史密斯再次震惊——他不敢相信这就是人们口中有教养的绅士。不过，他还没有表达不满，丹尼尔已经意识到了，马上说："噢，对不起，我又冲动了。"说完，他又重新坐回沙发上。

此后，他虽然一直都没有再出声，但手却从没闲着，一会儿扔掉打火机，一会儿将桌上的纸揉成一团，整个过程，他似乎都有如要爆发出来的火山。

回到律师所之后，史密斯马上找合伙人，说："我决定，哪怕给再多的钱，我也不准备与丹尼尔合作，这个人素质太差。"

合伙人一脸不解："怎么会？你看他的穿着，那都是世界一流的，而且，他给人的印象非常有教养。"

"你错了！他的外在包装与他的行为、举止相对比几乎就是讽刺。他的素质还不如一个文盲。"

很多人总是为自己包装形象，混淆他人对自己的了解。可是，真正聪明的人却可以在其行为、举止中读出他内在的素养与品质。这就是肢体语言的作用——它看似无意的一举一动、一笑一嗔，所暴露的却是一个人的内在修养。所以，永远不要忽略我们日常的肢体姿态。尤其是倾听一个人说话的时候，保持良好姿势，会让对方不知不觉打开内心。因为一个人在有素质的人面前说话时，往往不会为心设防，这对我们进一步交流、沟通是有很大好处的。

因此，西方人类学家才说："身体行动学即是针对人与人之间，非语言情感传递的视觉这一层面，而进行研究的学问。"这也就足以说明，身体行动学所研究的就是肢体语言，当一个人外在的肢体动作、全部姿态在无意识中表达出来时，整个人的“内在”便也暴露于外了。这对于良好的沟通过程来说，是至关重要的。

所以，一个善于沟通的人，是不会在倾听过程中让他人抓住自我身上不利姿势而影响自身形象的，同时也会借助对方的肢体语言来进一步了解其素质、为人。想要了解对方，想要与对方有效沟通，赢得对方好感与信赖，我们需要细致观察、了解及深入学习，清楚哪些肢体语言会泄露我们内在“秘密”，并从他人的一言一行中找到走近对方内心的捷径。

第七章 说话有底线，该给的面子你得给

著名学者钱理群说：“人说话应该有底线，这些底线依次是：一、力图说真话；二、不能说真话则应该保持沉默；三、无权保持沉默而不得不说假话时则不应伤害他人。”经验告诉人们，聪明者任何时候都说话有底线，都懂得给人面子，不会因图一时之快而口无遮拦。

说话最好八分满

话不可说尽，事不可做尽，莫扯满篷风，常留转身地，弓太满则折，月太满则亏。

——石成金

我们看到过太多自信爆棚的。他们总是一副万事皆可处理的态度，将出口的话一定说到最满：放心吧，这事包我身上，办不成，你拿我是问。我们不能说这样的人不好，但说话的艺术告诉我们：聪明之人不将话说满。毕竟，世事难料，我们谁也没办法预知下一秒会发生什么事，如果我们说话过满，又不留余地，就难免为自己带来尴尬或者麻烦。

在暑假期间，杰克准备帮父亲打工，挣下学期的学费。父亲给他准备了一大包袜子，让他上门去推销。这些袜子是螺旋状的，透气性不错，也很耐穿。父亲告诉杰克，一定要好好赞美一下袜子，这样才能卖出去。

杰克拎着袜子来到一顾客家门前，自信地按响了门铃。开门的是位六十多岁的老太太。杰克马上问："请问您需要袜子吗？我们的袜子是螺旋状的，不但好看，而且透气，绝对不会抽丝，是市面上最结实的袜子。"

老太太被杰克的话打动了，说："我看看你的袜子吧！"说着，她接过杰克手中的袜子，用力拉扯。袜子确实弹性很好。老太太满意地说："如果真不抽丝，我就会多买几双。"

说着，她随手从胸襟前摘下一根针，横着在袜子上一划。结果，袜子马上破了一个洞，袜丝迅速扩展开来。

"小伙子，你在说大话。这是最结实的袜子，是绝对不会抽丝的袜子吗？"老太太一脸不高兴地说完，回身"嘭"的一声将门关掉。

杰克只好再找下一家。他这样推销了一上午，才卖出去两双袜子。

在听说杰克推销过程之后，父亲摇着头说："你说的话有问题。下午，你跟我去看看我是如何推销的吧！"

杰克吃过午饭，便跟在父亲身后去推销袜子。他父亲敲开一家的门，说："请问您需要袜子吗？"

对方是位四十多岁的妇人。她看一眼袜子，问："你的袜子有什么特别的地方吗？"

他父亲将袜子递上去，说："这是螺旋状的袜子。它充分保证了透气性。"说着，他父亲将袜子抻直，一手拿出打火机，快速在袜子下扫过，火苗穿过了袜子，而袜子却并没有损伤。

表演完之后，他又接着说："您看，这袜子透气性是不是很好？不仅如此，它也很结实。"

"你的意思它不会抽丝也不会穿破？"妇人怀疑地问。

"哦，不是的，夫人。我只能保证它相比于其他袜子更结实一些，更透气一点，因为天下根本就没有穿不破的袜子，你说不是吗？不过，我们的袜子在质量过关的基础上，优惠力度也比较大，买四双就会送一双。"果然，那位太太很快就买了整整一打袜子。

杰克不解，说："你不是告诉我要好好赞美自己的产品吗？"

父亲笑了，说："赞美并不等于夸大，你要记住，任何时候都不要说大话，更不要说绝对的话，哪怕是钢片，都会被磨穿，何况是袜子呢？你说绝对不会抽丝的话只会激起购买者的验证欲，而很快这个‘谎言’就会被戳破，从而让你自己无地自容。”

《周易》中说：物极必反，否极泰来。它的意思就是：行不可至极处，至极则无路可续行；言不可称绝对，称绝对则无理可续言。因为话说得太满，我们想要回旋的余地便被自己堵死了。这对于听我们说话的人而言，就意味着吹牛，就意味着欺骗。而对于沟通来说，无疑是最大的弊端，它让我们无处立足，也毫无诚信可讲。

一个善于沟通的人，应该最明白严谨说话的重要性，会记得为自己留有余地。不论什么时候，不管遇到什么样的问题，他都能从中周旋，巧妙为自己开辟新的道路，只有那些不善言谈的人才会说话偏激又绝对。也正是因为如此，不善言谈者才常常面对被推入绝境的尴尬，而善于沟通者却左右逢源。这就是说话的艺术：说话只说八分满。

善于沟通的人很明白，说话是一个人内心真实想法的流露，如果说的没有底气，会给对方带来自信不足的感受，但若说得太满，则让人产生吹牛之嫌。而八分满的语言，既能充分证明自己对于所说话语的自信，又可以为他人留下谦逊、自抑的良好印象。言谈即个人名片，当我们一开口时，便已经将自己的为人、修养、品质托出于对方眼前了。如果与我们沟通的人是一个大话连篇，凡事总拍胸脯打包票的人，我们会毫不置疑的相信，还是持相对的怀疑而有所回避呢？答案恐怕也就不言而喻了。

因此，想要成为善于沟通的人，必须要练习好的口才不假，但也要把握说话的艺术，不论说什么话，不管什么情境，适度的自谦非常有必要。不信誓旦旦，不满口绝对，应诺他人时凭己之力用心，达不到目的时，也可问心无愧。所谓“君子一言，驷马难追”不过是古人的交心之语，身处职场的我们就不要轻易出口。否则，它会给我们的人际关系造成损失，甚至导致我们身陷“信任危机”。

给别人留台阶就是给自己留后路

今天倒运的人，也许明天走运，所以一个精明的外交家总是会给未来留下余地的。

——罗曼·罗兰

争执，是人生必不可少的经历，凡是需要沟通的地方，都难以避免。但解决争执的最好方法不是赶尽杀绝，更不是将对方伤到毫无还手之力。因为这种做法只能让我们在自己的人生道路上，挖下一个又一个的“坑”，不知何时就会掉进“坑”中，为其所伤。相反，当与人产生争执，对方又面对尴尬的时候，我们若能适度谦让，适度提供“台阶”，以让其保住自己的颜面，结果不但更有利于我们为人的豁达与德行，也将会为自己人生的后续谱下“得道多助”的良好伏笔。

瑞克刚进公司从事服装销售工作，因为专业不对口，经验也不足，其业绩不怎么好。特别是与已做了三年服装销售工作的克里奥相比，简直有天壤之别。为此，上司没少教训瑞克，经常挖苦他不算，还当着所有人的面说：“你要以克里奥为人生导师，从这里好好开始自己的新人生，不然到哪里你都没有活路。”

不过，克里奥并不以此为傲。相反，每每上司当着大家的面教训瑞克时，他都会打个圆场，说："我刚来的时候也什么都不懂，这需要时间和经验，慢慢就会好的。"为此，瑞克心里很感激克里奥。

有一次，瑞克去见一个大顾客，结果，因为自己的失误，导致大顾客未签单。上司非常不满，为此召开销售员工大会，当面批评瑞克。当时，大家都坐在那里看好戏，只有克里奥站出来，说："对于销售来说，失误在所难免，瑞克做这一行总共也不过半年时间，怎么可能事事都做得好呢?"

可是，同为销售员的其他人却不这样认为。他们都看上司的脸色说话，甚至怂恿上司辞退瑞克。最终，虽然克里奥极力劝和，但上司还是无情地将瑞克辞退。

不知不觉过了两年，克里奥的上司因为投资失败，面临着破产。没别的办法，他只能同意另外一家服装公司对自己的服装公司进行收购。让他万万没有想到的是，前来洽谈收购事宜的人竟是瑞克。

原来，瑞克被辞退后，就进了那家大型服装公司。因为他学的专业是企业管理，进公司便被安排进管理层。他凭着自己的踏实及专业技能，在两年时间做得顺风顺水，如今已经是公司管理层的高管。

在与旧上司谈判时，瑞克没有留一点情面，以最有利于现在公司的条件将旧上司的公司收购了。不过，他并没有忘记克里奥。很快，他将克里奥调去总公司担任销售经理。

如今，两个人已经成为工作中的好搭档，生活中的好朋友。

人们常说："三十年河东，三十年河西。"谁也不知道自己未来的道路是怎么样的。如果我们在日常生活中，不注重说话方式，总是积累仇怨、斤斤计较，甚至"赶尽杀绝"，那当自己遇到挫折或者麻烦时，也就怪不得他人"睚眦必报"了。因为人人都有自尊，当我们将他人的自尊践踏于脚下，不给他人留面子的时候，怎么可能不招致怨怼与仇恨呢？

所谓多个朋友多条路，多个敌人多堵墙。帮助他人并不是坏事，做人能在别人失意时伸一把手，在他人下不了台阶时给随手搭个“梯子”，也就为自己的未来铺好了后退之路。人际关系如此，沟通中更是一样，说话懂分寸，就是为了给对方保留一点颜面，让对方有台阶可下。这样才不至于让对方“狗急跳墙”，直接与我们撕破脸皮。

沟通中会给他人下“台阶”是一种大智慧。这是一种大肚能容的境界，可以让沟通的对方在心理上无条件，甚至感恩地尊重我们，更能让我们说话的技巧富有弹性，从而为自己时刻留有适当的余地，哪怕说错话，做错事，也会因为留有余地而轻松转变不利格局。

所以，想要成为一个善于沟通的人，一定要记住凡事要给别人留个台阶，得饶人处且饶人。沟通不过是一句话的事，何必要弄的大家面红耳赤？俗语说“留得口德理天下，心直慎言方为佳”，这善于沟通的艺术其实也就是“人情留一线，日后好相见”而已。

别拿别人的短处开玩笑

粗暴无礼，是内心空虚的人用来使自己显得貌似强大的手段。

——埃里克·霍弗

玩笑，是迅速拉近与他人关系的方法之一，但前提是这玩笑开的要恰到好处。生活中很多不愉快的事，其起源都来自于不恰当的玩笑话。

有人说“话说得好，小则可以安乐，大则可以兴国；话说得不好，小则可以招怨，大则可以丧身辱国”。这就是提醒我们，开玩笑要掌握分寸，千万不可口无遮拦，更不能拿别人的短处当笑柄。因为没有人会真正忘掉他人对自己的侮辱，哪怕我们曾经有恩于对方，哪怕事后我们做出各种解释，都没有办法弥补“揭短”玩笑给他人所带来的伤害。

查理是分公司经理，也是炒股爱好者。他特别组织瑞恩、杰克、克丝洛丁几个关系不错的人一起成立了炒股讨论会。工作之余，他们总在一起讨论股票。不知是运气好，还是技术好，查理每次选定的股票都能赚钱。这样，其他几个同事都将查理视为风向标，他说买哪个就买哪个。

克丝洛丁是副经理，与查理关系非常不错。一次，在讨论会上，他问查理：“查理，你每次都能选对股，是不是有什么内幕?”

其他人也跟着追问：“快告诉我们，到底是什么原因?”

查理见大家都想知道答案，就故弄玄虚，说：“如果有内幕，怎么可能只赚这么少，早让大家发财了。我每次都能选对股，不过是凭得‘赚钱第六感’。这可是学不会的东西。”

大家你看我，我看你，一时没得话说。克丝洛丁笑着说：“‘赚钱第六感’？你可真能骗人。不过，我不在乎，以后就跟着你的‘赚钱第六感’买股。你可要保持好这感觉。”

万万没想到，自从查理告诉大家自己炒股赚钱是因为“第六感”之后，再买的股票便总是亏本。

这可急坏了大家。瑞恩说：“查理，加把劲啊，这样下去可不是办法。”

杰克也说："查理，你是不是把自己赚钱第六感关闭了？怎么回事，我可把所有积蓄都投进去了。"

对此，查理只能摸着头叹气。克丝洛丁便开起玩笑来："查理，你的赚钱第六感不会成为死神预言了吧？现在你要预感哪个好，我们就不能买哪个才对。我看啊，以后你别叫它'赚钱第六感'了，改叫'骗人第六感'吧，因为它实在像你这个人一样，太能骗人了。"

克丝洛丁的话让大家哈哈大笑。查理脸上却红一阵白一阵的，低着头独自离开了。

大家见查理这样，都有些不好意思，说："克丝洛丁，你不该这样说查理的。"

克丝洛丁并没介意，笑着说："这有什么，查理不是没急嘛。"说完，他便去忙自己的工作。

没过多久，公司决定将查理调往总部。大家都认为，这下克丝洛丁要顶替查理的位子了。但谁也没有想到，查理在临走时，亲自推荐瑞恩接替自己的位置，而克丝洛丁依旧做副经理。

现实生活中，每个人都有最要好、知心的朋友，那些不为外人所知的小短处、小缺点在朋友面前都可以自然讲出，甚至被提及。可是，当朋友的却不能逞一时口舌之快，特别是将朋友不愿道于他人的"独家秘籍"当作玩笑，不然，就会有葬送友情的可能。而职场中更是如此。我们若不能注意把握自己说话、开玩笑的尺度，则很有可能遭遇克丝洛丁式的"悲剧"。

心理学表明，任何人都不愿在公众面前公布自己的缺点、隐私以及秘密。特别是所谓的"短处"被人曝光，我们的内心是会非常难堪而且愤怒的。不管日后对方如何道歉、赔不是，也总难以让我们忘怀这段"不堪"回首的往事。

在沟通过程中，不管我们与对方的关系多熟悉，多密切，都应该时刻注意，不能触及对方的避讳，更不应该拿对方的短处开玩笑。当对方感觉到难堪时，于我们自身并没有任何好处。而且，也没有人认为我们这样的玩笑是幽默，相反，只会让人觉得我们做人有问题，不但刻薄而且口无遮拦，不敢与之深交。

要知道，每个人都有自己的尊严，都非常在乎自己在他人眼中的形象与面子。如果我们总是受到他人揭短的“玩笑”，如果我们总得不到他人的尊重，势必在内心积累恩怨，并为之深深受伤。

打人不打脸，揭人不揭短。这是古贤为我们的人际关系处理总结的哲理，也是现代以及未来人际沟通的禁忌。不顾及他人感受的信口开河，只会招惹他人记恨，并不能为我们带来任何实际意义上的好处。而且，这样拿别人的短处开玩笑多了，还有可能让我们的人际四面楚歌。如此不要说沟通，就是最基本的交往也让我们寸步难行。

过分迎合只能让彼此尴尬

与其逢迎献媚，偷取别人的欢心，毋宁被众人所鄙弃。

——莎士比亚

现实生活当中，我们必须通过与他人的沟通、交往来体现自己的存在。可是，如果我们的沟通、交往只体现在一味地迎合他人的基础上，则有可能成为吃力不讨好的人。因为过分迎合他人会让我们自身陷入一种不可摆脱的迷惑之中，更得不到其他人的认同。如此一来，我们与他人之间的沟通、交往不但没有实质效果，还只剩下彼此之间的尴尬。这对我们的人生、人际，还有什么意义呢？

泰勒是位全职太太，丈夫体贴，孩子听话，生活过得非常美满。但是，她不善与人沟通。隔壁的苏里奥太太已经搬来一年多了，泰勒都不能与之建立良好互动关系。为此，她非常苦恼。

泰勒丈夫却是沟通达人，不管走到哪里，都非常受人欢迎。他见泰勒为此苦恼，便给她出主意："人与人交往不过是良好沟通的结果。苏里奥太太并不难相处。她就是个爱诉苦的女人。在她向你诉苦的时候，你只要不一脸漠然地打发掉她，就能增加她的好感，若能迎合她几句，则沟通效果更好。"

泰勒觉得这并不难做，不过是静下心来听听别人说什么，再表示同感而已，想想之前苏里奥向她抱怨生活太苦时，她只是耸了耸肩便回房间。为此，苏里奥太太几天都没有搭理自己。想到这里，泰勒笑了，认为自己就是太以自我感受为主，必须要改。

这天，泰勒送女儿上学回来，正好遇到苏里奥太太正在院子里浇花。她便主动打招呼。苏里奥太太立刻迎上来，与泰勒聊起天来。这一次，泰勒在心里再三告诉自己，要迎合对方，千万不能太冷漠。

苏里奥太太似乎真的很爱诉苦，不但与泰勒说自己作为全职太太的害处有多大，而且还说男人多不可相信。泰勒原本对全职非常认可，与丈夫也很恩爱，这是所有人都知道的事。但是，为了迎合苏里奥太太，她点着头说："确实，全职让我们牺牲太多了，没有自己的事业，没有自己的生活圈，连好朋友都渐渐远离，丈夫还经常在外面彻夜不回，自己潇洒快活，好像家只是……"

苏里奥太太忽然皱起眉头："你是在笑我吗？我知道你的全职生

活过得很好，我知道你丈夫是个好男人，但你也用不着这样来否定我的生活吧?”说完，她便气哼哼地回自己家去了。

泰勒站在那里，完全不知道发生了什么事。

不按自己的真实想法去说话，处处视她人的感受、脸色来行事，看似一种讨好、迎合对方的行为，但这种做法并不能让我们实现优良沟通，因为我们说得不真实，对方只从中感受到敷衍或者是虚情假意。而且，我们说的做的有违自己内心，让我们本人也并不开心。所以，这种吃力不讨好的过分迎合，最终只是让双方尴尬，甚至无言以对，丝毫达不到沟通效果。

善于沟通的人不会只顾自己的感受而说话，但也不会过分迎合对方而毫无原则。每个人都是单独存在的个体，若我们只是他人身边的“应声虫”，那还有什么沟通的必要呢？所以，沟通的价值体现在我们能良好的体会对方的内心，能恰到好处地理解对方的“苦衷”与“用意”。更有甚者，对方可以在与我们的讲述中，得到答疑解惑的引导与方向。它绝不会是你哭，我陪着哭，你笑，我跟着笑的“条件反射”。

想要成为善于沟通的人，请保持好自己内在的气质与观点，请多读书，多学习，多用心去了解与我们沟通的那个人的一切。不论什么时候，唯有“知己知彼”，才是沟通攻无不克的“武器”。过分迎合只会让你失去自我，失去沟通者的耐心与好感。

另外，我们还要记住一点，不是说不沟通就不能迎合，一定要与对方针锋相对，恰到好处的迎合非常有必要，但这恰到好处是点到即止，是不露痕迹。我认同你的感受，但我也有自己不同的看法，这才是沟通中迎合的最佳方式。

低调做人不等于低人一等

人应该谦逊，但不能自卑。

——姚乐丝·卡耐基

我们总是听智慧人士说：一定要低调做人。诚然，低调是一种精神境界的沉淀与升华，它让我们更有胸怀，让我们更能正确认识自己。有些人却因为低调过了头，从而认为，低调者之所以低调，就是因为低人一等，才要刻意保持所谓宽和、包容的。

其实不然，低调与低人一等是完全不同的两个概念。低调做人不等于低人一等，而低调也绝不是奴颜屈膝，自甘低下。

低调是沟通过程中非常必要的一种技巧，只要运用得当，沟通者就会从我们身上看到谦和、大方、包容的风范，会更加高看我们一眼，从而与我们保持良好沟通。因此，想要区别低调与自卑的不同，说话方式方法非常有讲究。

世界某知名化妆品公司，每年都印发宣传册。册内除了正确的化妆技巧，还有当月优惠产品名录，以方便他人选择购买。营销经理杰瑞发现，每年花费不菲做宣传册，但效果却很一般。他非常奇怪，为什么会有这样的结果呢？

于是，他暗中观察发放宣传册过程。很快，他似乎看到了问题症结所在——发放宣传册的员工总是对前来看化妆品的顾客说：“这是我们的月刊，您带回去看看，可能会有需要的。”而领到宣传册的人，一出门，便将它扔进垃圾箱。

杰瑞感觉这种说法有问题，但却一时想不出哪里出了问题。于是，他扮成顾客，去门店感受。店员也是这样跟他说的。不过，这一次，他终于明白了：店员的态度太过谦卑，几乎就像不好意思侵犯到了客人一样，很小心地将宣传册送给顾客。

不仅如此，他注意到，销售员在送上宣传册时完全不看他的脸，只是躬着腰，低着头，双手将宣传册递出来，完全低人一等的样子。

回到公司，杰瑞反复强调：“这种方法一定要改。销售员这样做无异于告诉顾客：‘我是多余的，我是在做广告，求您把我带走。’这显然是自卑的一种表现。人们的心理普遍有一种越是这样自卑的就越是不值得看的偏见。这样，宣传册当然发了也没什么效果。”

有员工不认同他的看法，说：“让销售员这样发放，是为了彰显我们公司对顾客的尊重，以及我们低调不居高临下的服务态度。顾客都希望被尊重，都希望得到恭维。”

“低调不等于低人一等。这样强塞式、乞求式的发放反而让顾客感觉增加了负担。但如果我们换一种说法‘您好，这是我们的月刊，里面刊登了很多化妆技巧，是专门为会员订制的，您拿回去学习使用吧’是不是又低调又不失尊严呢?”杰瑞反问那位员工。

从那之后，这家化妆品的门店再也不在门口专门给人递宣传册，而是导购“不经意”间送“化妆小月刊”。这引得很多顾客前去领宣传册。结果，当月的销售便上升了很多。

可见，说话方式不同，所得到的结果也不同，低调与低人一等在此也被轻易区分出来了——低调是一种态度，一种不抬高自己，不居高临下的胸有成竹，而低人一等则是自卑、缺乏自信的体现。它们在沟通中给人的感受完全不同，自然得出的效果也就迥然两异。

《道德经》中说：“以其不争，故天下莫能与之争。”这大概才是低调的最内在含义。也就是说，不争才是低调的真实本质。所谓不争，恰恰是一种低调的“争取”，它有大智若愚的智慧，也有不卖弄自我的含蓄。于是在平凡中显示自我优势，在积极中表达自我存在。这种做法如同无备之中有备，如同于静之中随时可动，最能充分展现自我。自然也就成了“故天下莫能与之争”的格局。

而在沟通之中，如果我们错用了低调，将其以低人一等的形式展现，说话不敢大声，口吻含糊不清，眼神游移多动，那也就让我们丧失了应有的尊严，甚至是独立的人格。这给人的感觉当然是“你可以凌驾于我之上”“你可以对我发号施令”。在这样不平等的关系中，显然沟通没办法顾及双方的利益所在，反而会在无形中提升对方的颐指气使。这于沟通无益，于我们人际交往也格格不入。

所以，善于沟通的人不会在对方面前过度放低自己，但会保持自己应有的低调，以让对方感觉自己的谦和、大度。这是给沟通对方提升好感的做法，更能让对方在我们面前找到应有的尊重，从而帮助双方加强沟通。若想要成为善于沟通的人，就应该区分低调与低人一等的不同：不在低者面前盛气凌人、口若悬河，亦不在强者面前盲目自卑、底气全无。大方、包容、谦和对待他人，以不卑不亢的方法，和对方进行交流，沟通之路也就变成平坦明途。

“毒舌”让你处处碰壁

赠人以言，重于珠玉；伤人以言，甚于刀剑。

——荀子

我们经常可以遇到一些说话不注重方式方法的人，好好的一句话，因为不注意态度与措辞，结果就让人听得心生怨怼。所谓一句话说得人笑，一句话说得人跳，可以让人跳的话，就是指那些没有分寸、不懂进退的话。我们通常会将这样说话的人称之为“毒舌”。

因为嘴巴太毒，总让人感觉其语言中充满刻薄，所以招致怨恨不断。可以这样说，“毒舌”过了头，就会形成沟通的致命伤，不要说不利于沟通，就是与身边人的关系也难以融洽，日久天长，这样的“毒舌”只能近无相亲，远无友朋了。

亚利维诺是一名小报的记者。报纸多以刊登名人绯闻、八卦为主。为了按时交稿，亚利维诺没少四处刺探小道消息。

有一天，总编找到他，说：“亚利维诺，听说大明星芭芭拉插足别人的生活了。这么有料的报道，你也不准备写一下么?”亚利维诺知道这只是个绯闻，并不作实，但为了扩大自己的名气，又能哄总编高兴，就写了一篇明星芭芭拉绯闻的报道。

在读到这消息之后，芭芭拉亲自打电话给亚利维诺，说：“请你不要乱写，这都是莫须有的消息……”

可是，还没等芭芭拉将话说完，亚利维诺便说：“我可不管是不是莫须有，不然你就报个真料给我，我可以以此作为交换。”

这下芭芭拉生气了，说：“你怎么可以这样呢，作为一个记者，你应该用事实说话，怎么可以随便杜撰新闻？”

亚利维诺一点也不介意，非常嚣张地说：“如果你不服可以去告我，我知道你们这些明星爱打官司，不但能讹点钱，还能出名，不是吗？”

芭芭拉被亚利维诺气得说不出话来，当时就挂断了电话。

没想到，亚利维诺不但没有将假新闻撤下，更出口攻击起芭芭拉，甚至说她装圣女，其实就是水性杨花。这个消息一出，很多芭芭拉的粉丝抱不平，都说亚利维诺是个十足的“毒舌”，不但说话恶毒，而且为人也不怎么样，太过分。

这件事为亚利维诺带来很多好处，那报纸销售量大增，总编给他加了奖金。不过，好景不长，在亚利维诺再次追踪芭芭拉时，因为不注意身后的车辆，被撞断了腿，还有中度脑震荡。这下，人们都笑亚利维诺罪有应得，说：“毒舌终于遭到报应了。”

让大家没有想到的是，芭芭拉知道了这件事，不但没有幸灾乐祸，还让人送去了一些钱，慰问亚利维诺。

伤好之后，亚利维诺也觉得自己过分，亲自给芭芭拉打电话道歉，芭芭拉很大度地说：“过去的就让它过去吧！只希望在以后的日子，你可以忠实于事实。另外，说话时，你如果能再留点口德就更好了。”

心理学认为，很多时候，刻薄的人之所以刻薄，其实是来自于内心的自卑。他们正是因为害怕被人比下去，又害怕被人看出自己的不足，所以喜欢用比较恶毒的语言来说话。殊不知，这样做不仅无益于提升自己，连人际关系也会越来越糟。因为说话恶毒虽然不一定是恶意，但却让人下不了台，感觉颜面无光。试想，谁愿意与这样的人打交道、共事呢？

当然，有一些人很优秀，但说话就是不好听，这也有他们内在的原因，他们认为只有自己说的一语中的，人们才会从中听出自己的聪明来。这种想法其实是很愚蠢的，一个聪明的人永远不会让他人在公众面前没面子。因为人际交往本是大事，谁知道日后自己会不会有求于人家呢？而且，就算不有求于人家，如果能尊重人家，给人家留下充足的面子，那也会让人觉得自己有素养，懂礼仪不是吗？

所以，说话“毒舌”不论是出于哪种理由，不妨都适当地调整一下自己。因为自古以来刻薄者多狭隘，而且易偏激，可那些说话讲礼貌，有口德的人，则更富宽容与风范。沟通中，我们口出恶毒之语时，伤到的不仅是他人的颜面，还会让自我目标随之成为泡影，这显然与沟通目标不利。

如果想要成为善于沟通的人，就必须要在说话时注意分寸，哪些话能说，哪些话不能说，哪些话是应该当面讲的，哪些话又应该是回避当事人的。而且，说话时不妨由己度人，如果要说的话在自己心里都感觉不好听，为什么一定要说给别人听呢？要知道，当对方不高兴听我们所讲的话时，沟通之门是不容易打开的，这也就将我们想要沟通的目标直接关闭了。因此，说话留口德，不恶毒，不刻薄，不仅有助于我们积聚好人缘，更能帮助我们走向顺畅沟通，从而收获更多的人生利好。

贬低别人不能抬高自己

人的美并不在于外貌、衣服和发式，而在于他的本身，在于他的心。要是人没有心灵的美，我们常常会厌恶他漂亮的外表。

——奥斯特洛夫斯基

著名哲学大家苏格拉底的智慧之高世人皆知。可是，他却总是抬高他人，贬低自己，甚至自称是世界上最无知的人。不过，这样的自贬并没有为他带来任何负面影响，相反，却被人们视为最有智慧的人。

可现实生活中，有这样一种人，明明并没有几分聪明，但为了抬高自己在公众眼中的位置，不惜通过使用贬低他人的方法来达到目的。可以说，这种做法本身就是一种愚蠢的行为，因为人际也好，沟通也罢，贬低别人并不能真正抬高自己，而且还有可能让他人感觉自己无知、蠢笨。

亚历山大是一家零配件加工厂的技术工。三十多年的工作经验让他成为工厂的技术骨干，深得领导器重。但是，因为良好的技术以及高资历，他就难免引起其他人心理不平衡。其中，与亚历山大有着差不多工龄的奥维奇就非常不满，因为他觉得因为亚历山大太能干，让自己没法发挥能力。

有一次，工厂来了一个急活，领导让亚历山大马上绘一张图纸，然后交代到车间去生产。这对亚历山大原本是小菜一碟，可是，那天他因为有其他事，未免急了点，在绘图时标错了一个小数点，使得零件的公差被放大了十倍。

碰巧的是，这天奥维奇正在车间监工。他看到亚历山大的图纸时，很快就发现其中的错误。不过，他并没有说出来，而是忍住心中的窃喜，催促着工人："快点加工吧，图纸已经来了，不要耽误时间。"其实，奥维奇就是想趁亚历山大未发现错误时，快点出活，好让他当面出丑。因此，他这次比平时催工都要紧一些。

一大批零件很快就生产出来。检验员及时来看零件，马上感觉到不对劲，便对着图纸比了比，很快意识到出了问题，说："零件表面要求这么高，公差怎么却这么低呢？不会是出了问题吧？"于是，检验员拿着图纸去问奥维奇。奥维奇敷衍地说："这有什么，这是亚历山大绘的图，难道你敢怀疑吗？"

检验员觉得这件事关系重大，若真出了差错，后面的生产损失就会更大，于是叫停工人操作，果断地去找亚历山大核实。亚历山大一眼就看出来了，大叫着："该死，小数点点错了！"

领导知道这件事后，第一句便问："监工是谁，为什么没有核实图纸？"

这时，奥维奇才说："因为是亚历山大绘的图，我可没想到会有问题。"

领导很生气，说："作为老员工，你忘了厂里的规定吗？就算是领导给的图也要检测，你怎么可以这么不负责任呢？"

于是，领导处罚亚历山大同时，也对奥维奇进行了处罚。

由此，我们可以看出，想抬高自己，采用贬低别人的方法根本就是行不通的。因为人际关系是一个非常奇妙的事，两个人表面上看似毫不相关，但很有可能因为不经意的相交，就会产生关系，从而受到

"贬低"的牵累。特别是处于沟通中的两个人，当一方试图通过贬低另一方而抬高自己时，很可能就将自己也拉到了"低"的范畴中去。因为沟通中的两个人从来都是平等的，若双方高度不同，又怎么进行沟通呢？

事实上，聪明的人都明白，人与人相处，难免产生摩擦、误会。若此时便随意用贬低、打击的手法来给自己"维权"，就很有可能落下他人嘴中的"小气""狭隘"的口实。同时，我们也可以细细思考这样的事实：一个贬低他人的人，在公众的眼中，自身也不会高到哪里去，因为不尊重他人，随意贬低他人本就是一种缺乏道德的行为。同理，那些在我们跟前说他人坏话的人，我们是不会认为他有多高尚的。

现在人际如此复杂，社会竞争如此激烈。我们若不能适当自保，随意在明里、暗处揭别人的短，说别人的坏话，那也就相当于授人以柄，将自己置于风口浪尖了。相反，我们若能经常赞美他人，肯定他人，善意地指出他人的问题，不但不会招致人怨，反而会得到他人的感激与赞扬，被他人视为高尚、宽容的人。这于人于己，岂不都是好事一件吗？

善于沟通的人是永远不屑于说贬低他人之语而抬高自己的。我们若想要成为善于沟通的人，就应该将其视为大忌。我们时刻都应该牢记：于他人面前贬低别人，不但不会抬高自己，还有可能破坏自己在他人眼中的形象，被视为没有道德、心理阴暗的小人，对于沟通是没有一点帮助的。

批评之前先婉转

在各种艺术日臻完美的同时，批评艺术也在以同样的速度发展着。

——伯克

我们都知道，说话是一门艺术，但我们却总是忽略，批评也是说话的一部分。如果在批评他人时不讲究这艺术性，很有可能让对方与我们产生沟通上的障碍，甚至还会因为让人下不来台，而丢失了双方的面子。

因此，不管在什么人面前，批评也要时刻保持婉转的艺术，不一针见血，不胡言乱讲。让受批评者充分感受到我们的尊重与认可，如此才能从心里更好的接受批评，从而改正错误，加强双方的沟通。

阿尔莱曼是一家大学的知名学者，其影响力非常大。当地人一般举办重要活动时，总习惯请他参加。有他出现的场合，主人往往会觉得非常有面子。有一次，阿尔莱曼收到好朋友的邀请，希望他能在自己儿子的公司开业典礼中，到台上去讲几句话，以烘托现场的气氛。

这位朋友是阿尔莱曼多年的老友，两个人不但交情很深，而且相互珍惜，多年来被他人视为知音佳话。接到朋友的邀请后，阿尔莱曼当然欣然接受，他与妻子说："我一定要用心写一篇演说词，绝对不止让朋友满意，更要让听到我演说的人也快乐不已。"

于是，阿尔莱曼利用晚上的时候，非常认真地写了一篇演说稿。

因为太过重视，所以他反复修改，还特别对稿子进行润色处理。早上吃早餐时，他又特别读给妻子听，以期望得到妻子的意见反馈。

但是很可惜，妻子认为这篇演说写的一点都不精彩，感觉像一篇评论稿，所以毫不留情地说："莱曼，你写的实在不怎么样，完全不符合那种场合，我觉得，听演说的人肯定会在听的过程中睡着的，你这么有学问的人，怎么会写出这样的演说稿呢？你是想要让自己的名声一败涂地吗？"

听完妻子的话，阿尔莱曼一脸不高兴，直接看了妻子一眼，什么也没说就出门了。妻子却在背后追着说："一定要改，这样绝对不行，你要注意自己的名声。"阿尔莱曼心里郁闷极了，生气地说："我不会改的，我可不怕什么名声扫地。"

当阿尔莱曼来到学校后，还是心情不好。休息时，同事也看出了他情绪不佳，便问："今天天气这么好，你为什么会觉得不高兴呢？""唉，熬了半宿，可收到的却是打击，怎么能心情好呢？"阿尔莱曼摇着头，把事情与同事讲了一遍。同事问："能让我看一眼你的演说稿吗？"

阿尔莱曼很爽快，直接拿出来给了同事。同事认真看完之后，笑着说："莱曼，这么棒的稿子，如果发给评论杂志社，他们会非常高兴的。"阿尔莱曼听完想了想，笑了起来，说："看来我真的要回去修改一下，这可不是给评论社写的稿子啊。"就这样，阿曼莱曼怀着非常愉悦的心情，将稿子进行了修改，并且在后来的演说中，得到大家的一致欢迎。

同样是批评，一针见血的反驳与指责就会让人认作是攻击，所以就算说的是对的，也往往让人跳起来极力反击。而聪明者将批评的语言加以婉转传达，则让人心服口服，并愿意接受其批评。由此就可以看出，批评不但要讲究艺术，还一定要讲究让人有台阶可下，能够保留对方的面子。如果我们不懂得加以利用，是永远达不到有效的沟通目标的。

另外，直言不讳的批评者有时身为领导者多。当领导口出直言，不留余地批评员工的时候，员工可能并不会与之辩驳，但也不会试图与之沟通，反而会在心里认为领导管理水平有限，不懂得当领导的艺术。就算是在一边听批评他人的同事，也会对这样的领导嗤之以鼻。因为领导在我们的心中是水平、高度、能力的代名词，直接批评他人似乎与这些词都不能相近。

但是，领导也好，朋友、同事也好，若能在批评他人时，将语言加以婉转变化，将批评中的“尖锐”用词换成没有敌意，对事不对人的建议，又或者将不宜直言说出的内容软化抛出，必定是会受到他人感激与尊重的。

虽然我们常说做人要光明磊落，不应转弯抹角，但在批评面前，在沟通面前，却不能太过直接。太过严厉的话，太过直接的现实，往往很容易让人没面子，下不了台阶的，甚至会让人产生逆反，与我们对着干。这与通过批评，达成有效沟通的初衷是完全不相符的。想要成为善于沟通的人，就要在这方面格外注意。在此不妨讲几个有利于婉转批评的好方法，以供大家学习与运用，从而达到善于沟通的目的。

1. 先认可再批评。这种认可就是在对方行为的基础上进行对方正确行为的认可，然后抛出对不正确部分的批评。

2. 要“打”也要安慰。批评别人就如同打别人的脸，这时一定要注重对方接受的程度，所以“打”完对方的脸，别忘了给予适当的安抚，以平息对方内心的不满。

3. 说话不要过度转折。比如，“你的初衷是好的，但是……”这只会加强批评的语气，应该尽量忽略这种转折，以减少对方心理上的直接冲击。

察觉对方情绪的变化

夫达也者，质直而好义，察言而观色，虑以下人。

——孔子

平时，我们要出门的时候总会习惯看一下天气，如果天热就会减少衣服，如果阴天则会带把伞以备不时之需。其实，与人沟通，也是一样的道理，也需要养成观察对方情绪的习惯。因为人的情绪也有“阴晴圆缺”，情绪是好是坏将直接关系着与他人的沟通结果。一个想要成为善于沟通者的人，势必要学会观察他人的这种心理“天气情况”，不然，不但沟通无效，还有可能让自己的利益受到损害。

自古以来，凡是善于沟通者，凡是聪明的智者，总是特别能根据他人当时的情绪来调解话题，以增进彼此之间的交流。

吉姆与汤森是同事，在一个部门工作，平日里两人业绩不相上下。不过，吉姆比较外向，与他人沟通非常顺利。相反，汤森则不太会说话，从不主动向他人示好。

有一天，上司一脸心事地走进办公室。汤森马上拿着项目单冲了进去：“这份项目有问题。这个预算想要完成如此大一项工程简直不可能。你是要我们做豆腐渣工程吗?”

平日里，上司虽然对汤森直来直去早已经习以为常，但今天却有些不高兴。他看了汤森一眼，说："今天，我们不谈这个项目的问题。"

"那可不行，我后面还等着做方案呢！而且，你看日期，这么紧张，怎么能拖呢？"汤森一点也没意识到上司的情绪，"啪"的一声将文件丢办公桌上。

正低着头独自按摩太阳穴的上司被吓了一跳，当即低吼："你现在给我出去！"

汤森不知道自己错在哪里，生着闷气回到办公室。看到吉姆正在那里打电话，他便说："项目的事，你自己想办法去解决吧！我可办不了啦！实在不行就延期，这个责任可不在我们。"

吉姆一脸不解地看了眼汤森，摇摇头，拿着文件出去了。

他来到上司办公室时，上司依旧低着头按揉太阳穴，并不理会他。吉姆关切地说："需要杯咖啡吗？"上司轻轻点下头。

吉姆很快端来杯咖啡，然后问："是不是不舒服了？要不要休息下？你现在脸色很不好，一定要注意身体。"

上司抬起头来，一脸感激地说："我确实感觉不是很好，我准备去医院，工作的事，你就帮我处理一下吧！"

上司说着站起身来，一眼看到吉姆手里的文件，又说："哦，对了，关于这个项目的事，应该是安吉拉（项目总监）那边出了问题。你找她洽谈一下解决掉吧！"

这件事过去没多久，吉姆被提升为项目部主管，而汤森却还在原职位上努力着。

学习察觉他人情绪的变化，可以帮助我们留意他人心情，做到该进的地方进，该止的地方止，从而巧妙回避纠纷以免撞"枪口"。回看历史，这种不善于察觉他人情绪变化，而一味信口开河的惨剧举不胜举。

研究证明，一个人在心情舒畅时，内心的包容度会相应增大，这时我们哪怕说一些稍有过激的话，也不至于“引祸上身”；但若对方恰逢情绪低落，又无处发泄，我们还非要与其计较短长，强行沟通，自然就要碰一鼻子灰了。所以，一个善于沟通的人，是时刻处于察觉他人情绪，看对方心情来讲话的。也正因为如此，他们的办事效率才格外高，沟通效果才格外好。

那么，我们要如何来有效察觉对方的情绪变化，以做到回避不利，融洽关系，和睦沟通呢？

1. 察觉他人情绪的时候，我们应该从自身的情绪开始考虑。试想，当我们情绪不好时，所说出的话势必带有冲撞、发泄甚至是有针对的味道。心理学认为，这样的情绪是会“传染”的——会引起他人情绪的变化。因为我们不高兴，说的话不中听，对方听了当然就会有情绪波动。当自己情绪激动时，我们不妨先排解一下，尽量斟酌一下自己的言辞，以减少激化他人情绪的变化。

2. 以诚度人。不管什么时候，真诚都是打动他人的金钥匙。如果我们不知道对方情绪如何，不能有效觉察他人的感受，就可以本着真诚的关心、问候、友好来与对方进行交流，不要咄咄逼人，不要不达目的誓不罢休。这样才能有效安抚对方情绪，并最大程度减少对方的情绪变化，进而达到顺利沟通。

3. 要设身处地替他人着想。在心理学中，有一个名词叫“同理心”，即我心即你心。如果我们能接受自己情绪的变化，那就要能够接受他人情绪的变化。人都是一样的身体构造，我们不能只自己能发脾气，却不允许他人有情绪。所以，理解他人情绪的变化，站在对方的立场来体会他的感受，不感情用事。如此沟通起来就更容易切中重点，也就能很好地避免因为对方情绪变化而产生的冲突了。

尊重别人也是尊重自己

你尊重人家，人家尊重你，这是人与人之间的公平交易。

——泰戈尔

我们常说，人与人之间是相互的，不管是各种情谊，又或者是态度、情绪，甚至表情。特别是沟通过程中，我们释放给对方的是什么，总是会在对方那里得到悉数返还。因此，在沟通时，尊重别人是非常重要的一点。当我们的尊重被对方所认可，那么对方就会以同样的甚至更多的尊重给到我们。而当双方相互尊重时，沟通也就成功了一半。

在美国某著名集团公司私家花园内，一位白发的老妇人正清理着草地上的垃圾。

这时，一位中年女性，拉着一个正在痛哭的男孩子走过来，一边走一边用纸巾给男孩擦眼泪，然后随手将纸巾丢在草地上。老妇人并没有说什么，而是跟在那位女性后面将废弃的纸巾捡起来。

那位女性大约扔了5团废纸巾之后，才注意到身后默默捡拾的老妇人。她并没对自己的行为感觉抱歉，而是对那个小男孩儿说："看到了吧？现在你嫌学习太苦，将来就要像这个人一样，做最肮脏又卑贱的工作。"男孩儿停住哭声，呆呆地看着老妇人。老妇人并没有生气，只是很平静地说：“夫人，这是公司私家场所，只有本公司员工才能进来。”

女性听完冷笑着哼了一声，说：“那又怎样？我就是公司分部的部门经理。”说完，还随手掏出一张名片，一脸不屑地甩到老妇人身上。老妇人从地上捡起名片，看了一下，然后拿出手机打了个电话。没过一会儿，公司行政总监跑着从大厦内赶过来。那位女性看到是总监，立刻换上一脸微笑，刚想要上前打招呼，可却见总监在老妇人面前非常礼貌地鞠了一躬，说：“您有什么指示？”

“从今天开始，不，从现在开始，免去这位女士在公司的一切职务。”老妇人严肃地说。那位总监立刻点头，说：“是，我马上按您的指示去办！”女性非常不解，她不明白，总监为什么要对这个清理工如此恭敬。总监看出了女性的不解，说：“这是我们公司的总裁。”

老妇人似乎并无意炫耀，回头就想要离开。可是女性却非常理直气壮地说：“总裁也应该懂得起码的尊重，我犯了什么错？你凭什么辞退我？”老妇人听完，回过头来说：“一个人想要获得尊重，就要首先懂得付出尊重。我们公司不会要一个连尊重是什么也不知道的人，这样只会让公司失去顾客。”

《圣经》中有这样一句话：“爱你们的仇敌，善待恨你的人；诅咒你的人，要为他祝福；凌辱你的人，要为他祷告。”因为耶稣相信，人与人之间的心是相通的，只要我们肯为对方着想，保持足够的爱与尊重，那么就总会赢得对方相同的对待。这是世界上最好的沟通，不用废一点力气，便能让双方化干戈为玉帛。

现实生活中，社会竞争日益激烈。在这样的竞争中，若我们不能用尊重来对他待人，那就无异于为自己无形中树立一个又一个的“敌人”。这对我们的人际关系是无利的，对我们处事、待人的社会形象也没好处，更不要说与人平等沟通了。但如果我们能以尊重的心态、口吻、认知对待他人，所得到的自然也就不一样了。人生处处有相逢，这一刻与你不相干的人，过一天就有可能成为你的顶头上司，或者最大的顾客。

同时，在沟通中付诸尊重，是向他人表明自我品质与修养的方式。一个人为人如何，在他说话、动作中全都表现得一清二楚。如果我们不懂得尊重对方，那沟通的对方是不会给我们想要的尊重的。当然，有时尊重的付出并不是立竿可见的回馈，毕竟有人快热，有人慢热。但是，这一次我们付出的尊重或许当下起不到作用，可下一次，下下一次，总会让对方看到我们的真诚与优良品质，从而帮助我们得到认可，得到对方的好感。

其实，我们每个人都很清楚，尊重本身是一种品质的体现，当我们拥有了这种品质的时候，各人的魅力与际遇都是会随之改变的。虽然我们不相信什么因果轮回，但人与人始终都是这样处于你来我往之中的。沟通的双方若能以尊重为前提，那就能有效打开对方防备、警戒的心门，从而愿意与我们对话，形成有效沟通机制，进而将问题解决掉。